智元微库
OPEN MIND

成 长 也 是 一 种 美 好

—
01
年轻时的照片
—

———
02
典典 100 天

———
03
典典 1 岁了
———

—— 04 ——
阿嬷抱着典典

———

05

搬进长沙新家

———

—— 06 ——
妈妈、典典和我

———

07

母子在深圳大梅沙

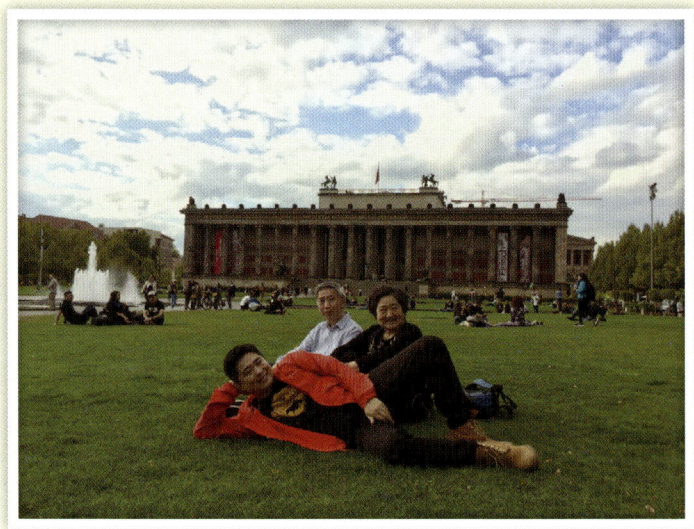

08
一家人在柏林旅游

徐明 著

典典

重要的是给孩子很多很多爱

人民邮电出版社

北京

图书在版编目（CIP）数据

典典：重要的是给孩子很多很多爱 / 徐明著. --
北京：人民邮电出版社，2022.5
ISBN 978-7-115-58785-5

Ⅰ．①典… Ⅱ．①徐… Ⅲ．①家庭教育－通俗读物
Ⅳ．①G78-49

中国版本图书馆CIP数据核字(2022)第037188号

◆著　　　　徐　明
　责任编辑　陈素然
　责任印制　周昇亮

◆人民邮电出版社出版发行　　北京市丰台区成寿寺路11号
　邮编 100164　　电子邮件 315@ptpress.com.cn
　网址 https://www.ptpress.com.cn
　天津千鹤文化传播有限公司印刷

◆开本：787×1092　1/32　　　　彩插：4
　印张：7　　　　　　　　　　　2022年5月第1版
　字数：80千字　　　　　　　　2022年5月天津第1次印刷

定　价：59.80元

读者服务热线：（010）81055522　印装质量热线：（010）81055316
反盗版热线：（010）81055315

广告经营许可证：京东市监广登字20170147号

妈妈的凝视

这本书写了 43 年。

从典典（我）出生之前，这本书里的故事就开始了。

这些故事如何变成了一本书？这是另一个故事。

01

妈妈是个从小爱读故事也爱讲故事的人。

正如天下所有的妈妈一样，她经常给我讲我小时候的故事——典典，你晓得吧，你 9 个月大的时候，有个小麻雀……典典你记得吗？你 3 岁那年，有一次你走丢了……

我像天下所有的孩子一样，第一次听还新鲜，等听到第18次，就很不耐烦。我说："知道，我知道，后来就……"后来，我连话都懒得说了，就是"嗯嗯"。

她可爱儿子的这些故事，就这样被这个长大了的、一点也不可爱的我丢在老家沙发上、饭桌上，随着瓜子壳散乱一地。

后来我离开家，去了北京。妈妈为了能看我的博客，自己也注册了一个博客账号。

看久了，她自己也想写。于是她上了一个打字班，第一节课的作业就是写一段自己的故事。

她兴冲冲地回到家，戴着老花镜，用刚学会的五笔输入法一个字一个字地敲出了两篇文章。这两篇文章写的就是她心里讲述过无数次的儿子的故事。

据说这两篇小文在她的打字班上引起了轰动，

大家都鼓励她："继续写，继续写。"

我也很喜欢这些故事——这些故事的主角是我，1岁的、3岁的、5岁的、16岁的我。但我却有一种陌生感，似乎在读别人的故事。

我鼓励妈妈把更多的故事写出来。我哄她说，等我的书出版了，我们母子俩一起签售。

妈妈摇头说："那不可能，我不想沾你的光。"

我又换个角度说："我6岁以前的事都不记得了，你写出来，等于帮我找回了好多记忆啊。"

妈妈说："那我试试看。"

于是，妈妈陆陆续续地把我小时候的这些故事，写成了几十篇小文，也就是今天你们看到的《典典》。

02

等真的把这些故事集结成册，我和妈妈高兴之余却又担忧起来：到底要不要出版成一本书？

好故事当然值得被记录，因为这里有我的故事、我们家的故事，家庭故事里印着孩子的人生脚本。

为什么我会喜欢狗？和我 2 岁时一只小狗的死去有关。

为什么我会走上助人的路？因为我从小被很多陌生人帮助过。

为什么我这么珍视朋友？也许因为我小学一年级来到深圳，转学 5 次，朋友是我的命。

为什么我的内心这么敏感、温暖？因为我从小，哦，不，是我们，我、妈妈、外婆，从小都是这样的人。

童年的故事里，藏着未来的人生密码。

长大只是一条回家的路。

但让我们犹豫的是，这只是我的故事，这些故事值得出版吗？值得给更多素不相识的人看吗？值得砍掉那些为印刷这本书所必需的树吗？

我读这些故事的时候热泪盈眶，这是否只是我自己的感受？

我问兄弟贾行家，这算是文学吗？

他说，既然写出来了，就别考虑"文学性"了。文学源于经验而高于经验，妈妈写的东西却是"先验"的，这是一位母亲情感的直接坦露，是母性的自然表达。就像一个少女表露出母性的那一刹那，我们似乎看到了"神迹"。

他鼓励我说，这种东西很平凡（因为几乎人人都对母亲和母性有所了解），却是不可求的，最大的幸运，就是写一次。

我释然了。

我删除了想加进书里的育儿观念——这险些让它变成一本育儿心得书；删去了我写的记录爷爷奶奶的长文——差点搞成了家谱；而保留了妈妈给叛逆期的我写的信——大家好意提醒我，担心这些信会毁掉我的"人设"。但这就是我，我不需要什么人设。

母子之间，大多都是这样。妈妈一切为了孩子，一直在凝视他们，孩子却往往不知道。等孩子真的想诉说的时候，已经太晚。

我之所以初见这些故事时感到陌生，是因为这是妈妈眼里的我的故事。

这些故事，就是妈妈凝视我的方式，而出版这本书，是我看见了她的凝视。

幸好我们没有一直陌生下去！

管他什么文学性、功能性、人物设定，一个妈妈爱着自己的孩子，就是这样简单、干净。

所幸我们都还在，这真幸福。

希望读到这本书的你，能想起妈妈的凝视。

从你自己忙忙碌碌的生活里，抬起来头，和妈妈对望。

如果妈妈还在，这真幸福。

感谢我的朋友们，他们给了我们很多勇气和支持。

邹竞岩帮妈妈把这些零碎的文章变成小册子；

于淼把小册子重新排版，把它变成一本书的样子；狒狒一直催我"别总搞你自己的书了，快把你妈妈的书出喽"；人民邮电出版社的编辑素然看完书稿，对我说"这书我们来出"；北北说"封面设计我包了"；我的共读会的小伙伴都留言说"这书真好，我们很期待"。

在这里，我还要感谢另一个男主角，我的爸爸。

讨论书稿的时候，爸爸说："你们自己搞，别问我，我不看书，也没人可送。"

过了几分钟，他端来一盘插好牙签的水果，又掩上了门。

希望在这本书里，你也能看到自己妈妈的凝视。

古典

第一章　儿子来了

第二章　回乡记

MOTHER

第一章

儿子来了

1. ♡ 儿子来了

1979 年 5 月 15 日，中午，吃过午饭。上午的高等数学课讲的是泰勒公式的展开，我还没全弄懂。我信手拿起本书，准备午睡。入睡前看几分钟书，是我多年来的习惯。

那时候我们住的是一套二室一厅的居室，里面住着两家六口人。两家人共用一间厨房、一间浴室（兼洗手间）、一个小阳台。虽然有许多不便，但各自都尽可能地忍让着，倒也相安无事。那天午睡前，邻居的女士刚在浴室洗过头，满地都是肥皂水。我穿着拖鞋走进去，一进门就重重地摔了一跤（这一跤虽没摔断手脚，儿子却提前到来了）。

我随后躺在床上看书，还没看完一页，内裤就湿透了，我感到有些不对劲，就问远道而来的婆婆。

可她虽生育过好几个孩子，却没遇到过这种情况。她安慰我说："不怕，不痛就没事，生第一个孩子会很痛的。"

我想起同学平平上午刚和我说过："我生了两个小孩子了，有事找我就好！"就让思明（我先生）去找平平。

正值午睡时间，研究院内行人不多，找个人问平平的住处，还真不容易。思明左右为难之时，碰巧遇到一位广东籍医生，这真的为儿子的平安到来亮了绿灯！谢谢她！当时她并不当班，但得知情况后立即回到医务所，开出用车通知，并一再叮嘱思明说：情况非常紧急！

思明当即直奔好友陈克华处，让他去要车，自己急匆匆跑回家来。看到他气喘吁吁、火急火燎，却又半天说不出话来的样子，我又着急又好笑！

"找到平平没？她说啥？"

"我要到车了，我们马上去医院。"

我还没反应过来，好心的医生便来到我们家了。她吩咐思明抱着我，不要让我自己走下楼！我赶紧起床。

我自己能走呀，不要抱我！思明扶着我一步步慢腾腾地下了楼。

"用被子把脚垫高，不要开得太快！一路小心……"医生一再交代司机。那个年代，医务工作者的责任心真的强！

谢谢这位好心的医生！

载着我们一行三人的汽车一路奔驰。

上哪家医院呢？我们心里真没有底，事情来得这么突然，不是说还差10来天的吗？

上妇幼保健院吧，毕竟是专科医院。

就这样，汽车直驶往长沙妇幼保健院。谁也没有料想到，这是个错误的决定，我为此付出了惨重的代价！平添了好多麻烦！

汽车开到妇幼保健院时已是下午3点多，我被安排在急诊室 8 号床。思明要去告诉妈妈，更好笑的是，他想去买些水果，刚才来医院的路上，他看到水果店里有水果卖，想让我产后能吃几个好的苹果！现在觉得他那样做太可笑了，可当时买水果真的好难，先不说没有钱买，即使省出点钱，也没有水果可买！

思明走后，躺在床上的我还没缓过神来，旁边床的一位产妇说：对门病房生了个无脑儿，去看看好吗？我不假思索地爬了起来，正打算出去，一位护士进来直嚷嚷道："都这样了，还到处跑，不识字呀！"

我赶忙回到床上，这才注意到，我床头的字牌上赫然写着：绝对卧床；大小便不能下床……我的头嗡的一下，到底啥事啊，会这样紧张？！莫非孩子出了问题，不行了？一想到这里，我吓得止不住地流泪。

护士每隔几分钟就来听胎心音、测血压。过了没多久，只听医生说：打催生针、上氧气……

"你家属呢？"

"买水果去了。"

"真是白痴！"

医务工作者虽开口骂人，但也真是急人之所急，只怪我们当年年轻，太不懂事！

"胎儿出现缺氧现象，准备手术……"

我一直在哭，不是痛，只是怕，只是急！

思明急匆匆跑回来，提着一袋子水果——那个年代的稀罕物！

"签字吧，准备剖腹！"

"我俩都在读书，如果能不做手术，最好不做手术……"

"就 10 分钟，你必须在 10 分钟之内决定是否手术，否则孩子就没命了！"

二话不说，签字、手术。尽管在那个年代，剖腹产被视为妇产科最大的手术，并不常用，但我们已没有选择的余地了！

在待产室做了一些术前准备之后，我被急匆匆地推进了手术室。

我一直以为儿子是 8 点多出生的，直到他两岁多时，一个机缘帮我纠正了时间。

手术是在全身麻醉下进行的，我几乎没有感到痛苦。儿子来到了这个世界，医生使劲拍打我的脸，要我看看自己生了个胖乎乎的儿子！可我的眼睛无论如何也睁不开，只依稀听到儿子的哭声，好遥远、好洪亮……

1979 年 5 月 15 日

体重 4.3 千克

身长不知

中华人民共和国小公民古典来到了人间！

医生将儿子抱出来时，已经把他洗得干干净净。

儿子睡得安安稳稳，他第一眼看见的亲人是谁呢？不得而知。

思明说，儿子给他的第一印象是眼睛长长的，像个粉红的肉团团。

我妈妈却说跟我出生时一模一样。

我们还没反应过来，护士已经把儿子抱走了。

"是儿子还是女儿？"老妈问。

"啊！还没问呢！"思明飞奔着下了三楼，追到了婴儿室。

"男孩！这几天里第一个男孩，也是近来最重的男孩！"护士小妹说。

思明转身直奔三楼，兴奋得话都说不清楚。

"是，是男孩，妈妈，好重的男孩！乖乖！我当爸爸啦！"

兴奋、喜悦、幸福！我们终于有了个宝贝儿子。

2 ♡ 第一次见到你

生育的过程是痛苦的，不论顺产还是剖腹产。所不同的是疼痛的时间、位置、给身体留下的创伤。

如果可能，产妇都要力争自然分娩。阳光总在风雨后，宝贝的到来会把一切苦痛都变成幸福、快乐，加倍归还给母亲！

术后的前三天里，伤口的疼痛用撕心裂肺来形容也不为过！痛醒来就哼，哼累了就睡，没日没夜地熬着，终于熬到了第四天。

第四天一大早，护士就告诉我说：今天可以见到你宝贝儿子了！

兴奋、愉悦、期盼立即涌上心头，痛苦瞬间减轻了许多。我们盼望、等待了多年的宝贝会是啥模样呢？

9:30，护士从婴儿室里推出一大车宝宝，依着病房一个个递送着。

"快躺好，给儿子喂奶吧，他可是饿坏了。他饿了就哭，哭声又大，他一哭就把其他宝宝闹醒，大家跟着他一起哭，才热闹呢……"护士说笑着把儿子递给我。

"哇！宝贝，才三天呀，你就有'领袖'风范啦！"先生打趣地说。

我终于看到儿子啦！这个我曾经用无数向往、期盼、等待、担忧编织而成的，可观、可触、可亲、可爱的儿子！

婴儿被包裹得严严实实，只能看见露出来的一个圆圆的小脑袋，一张粉团团、依稀可见小绒毛的圆脸。小家伙眼睛都不肯睁开，小嘴张得老大，使出他最大的力气哭着，声音好洪亮。

我赶紧侧身躺好，把擦洗得干干净净的乳头塞进他的小嘴巴里。真不可思议，他立即停止哭闹，又用刚才哭闹的劲头儿使劲吮吸乳汁。

一股暗流在我的体内，不知源于何处，但能明显感觉到它在集聚、再集聚，涌向胸部，涌向乳房，顺着初次畅通的无数条小道，汹涌而出……母子连心、血肉相连、神魂相依……我有种腾云驾雾的感觉！

"注意别压到他的鼻子，让他一次把一侧吃空……"妈妈在一旁提醒我。

我完全被生命的伟大和神奇震撼了！凝视着眼前这个实实在在的小生命，这个我和夫君爱的结晶，我暗暗发誓：我要用我的下半辈子，尽我的最大可能给他最好的教育、最好的生活环境、最好的一切……

吃饱喝足了，儿子睁开了眼，眼睛可大呢，好有神采！好有灵气！鼻子不算很高，脸圆圆的，嘴巴小小的……我们和所有父母第一眼看到自己的宝贝一样，认为他是天下最聪慧、最漂亮、最可爱的天使。

3. ♡ 出生 45 天，会自己移动了

儿子第一次移动自己，在他出生后 45 天左右。

那时候有一种竹床，用竹条拼贴而成，床长约 1.8 米，宽约 0.5 米，高约 0.4 米，四周用直径约 10 厘米粗的圆竹围成。它最大的好处是方便。长沙那酷热的夏天，每天要用清水把竹床抹上好多次，几年下来，床面发着油亮的红光，平添几分凉意。

儿子出生后的第一个夏天，就在这样的竹床上度过了好些日子。按广东籍老妈的指导，儿子出生后几乎很少用尿布，整个小人儿除了小肚子上戴件用大毛巾做的小兜兜，全裸着！

把儿子放在这样的竹床上睡，我总喜欢在他身下再垫上条毛巾，这样做可以防太凉，又可以防有啥东西刺伤儿子。

有一天吃饭时间，我照例将毛巾垫放在竹床中间，让儿子躺在毛巾垫上，只见他双手双足一直在乱动，嘴里"嘟嘟嘟"地"说"着谁也听不懂的"话"。只要他安全、不哭，大家也就放下心来好好吃饭。过了几分钟，坐在小竹床对面的老妈突然惊喜地叫道："看你们的靓仔！好厉害！"哇！我们这才发现，儿子正在用他的小手小脚有规律地、协调地划动着，下边的毛巾垫竟成了他移动自己的小舟！

全家人放下手中的碗筷，跑到竹床前观赏儿子的"表演"。只见他使出吃奶的劲在努力地划动着，大有"不到长城非好汉"之势。他完全没有感到他的动作有多了不起、给大人带来多大的震撼和惊喜！我激动得眼泪都要流出来了！宝贝呀，你才 45 天！竟然可以移动自己了！得意之余，我又将他移到竹床的另一端，让他再次表演。他完全没有反抗的意思，嘴里发出不规律的声响，偶尔还会笑一下，划得更欢了……

老妈心疼她的宝贝小孙孙，笑嘻嘻地责备我：别太累着他了，不要让他再出力了！

我赶忙抱起儿子，狂喜地吻他全身，直到他笑累了，安静下来，甜甜地睡了，我们这才又坐下来吃饭。

4. ♡ 疑诊有可怕的疾病

儿子能吃，吃饱、喝够后就会小睡一会儿，才十几天的他，反应非常不一般。当阿姨们用她们的头发稍儿在他的脸上滑过时，他就会转动小脑袋、张开小嘴巴去追寻；当头发稍儿滑过他的额头时，那时他还不会抬头，只会表示抗议地哭，让大伙哈哈大笑。

儿子爱哭，但只要不哭，眼睛就会圆圆地瞪着，好像在想什么。

儿子的到来让初为人父母的我们沉浸在无限的幸福、快乐之中。

我曾无数次感谢命运！如果说命运真的不公平地对待过我，儿子的到来让我感受到命运真的慈爱地关照了我，我心满意足！

儿子4个月左右的时候，母乳已经不足以让他吃饱。那时候奶粉是按计划配给的，很稀缺。好在儿子对吃要求不高，我们用米熬成浓浓的米汤，掺些淮山粉、青菜汁，再加上半个蛋黄，滴一两滴鱼肝油，就是他的主粮。

看护儿子的是我的老爸，这位书生气十足的老人，从没有带过小孩，可他总是尽心尽力地给孩子提供最佳服务！

孩子会笑了，他咯咯的笑声对我来说是天下最美好的声音！

我真恨不得分分秒秒将他搂在怀里，亲他，吻他！可我不能，我还要上课。

他会轻易地手脚并用，像划船那样将自己从竹床的一端划到另一端，让大家注意到他！

他也会哭，用这种办法争取我抱他，他知道这很有效！

　　而我常常无奈地使他受委屈，让他迁就我看电视，以完成我的电视大学课程。

　　为了学习，我只有尽可能少去抱儿子。而他的哭声，那一声声带着乞求的哭泣声，撕扯着妈妈的心啊！我常常陪着他哭。

　　可我要学习呀，我要追回逝去的、失落的青春，圆我的大学梦！

　　儿子稍稍大一点儿后，想让我抱的时候就使劲儿地哭！我将被子折叠成一条"防护带"堵在床边，防止他爬出床外，而我依旧守着电视机……

　　多少次儿子哭累了，睡着了，我才流着泪，心痛地替他将小脸上分不清是泪水、汗水，还是鼻涕的液体给弄干净，心中一万遍地说：儿子，妈妈对不起你！！

　　儿子从半岁开始，经常生病，常常一连数周高烧不退，血色素只有 7 克左右。

医务所一再怀疑儿子患的是"地中海贫血"。那是一种造血功能障碍，是不可医冶的可怕疾病！当时长沙市得这种病的孩子最长也只活到 12 岁，还是人民医院一对医生夫妻的孩子！！

这真是晴天霹雳啊！！我这才放弃上课，放弃学习，开始近乎疯狂地求医问药，祈求上苍！！为此，我比一般母亲多流了好多好多的汗水和泪水！！

…………

又是一个不眠之夜，孩子的爸爸出差了，我和孩子的外公陪着孩子。他一直高烧不退，整个人像一团火。我们按照医嘱，用酒精给孩子擦身子，他沉沉地睡着，哭声都很轻，小鼻翼急促地翕动着。

"典典！你别吓我，我们这就去医院！"我失声痛哭。当时已经是半夜了，那个年代没有出租车，我和孩子的外公抱着孩子冲出家门往湖南医学院奔去。我们家住在城区的最西南端，而医院却在最东北端，近 15 公里的路程，我和孩子的外公轮流抱着孩子，一刻不停地往医院赶。赶到医院时，天已经快亮了，我和孩子的外公连头发都在流汗水！

医生看过我们带去的病历，又看看发着高烧的孩子。

"住院吧，"医生说，"可能是地中海贫血。"

一间小小的儿科病房住着 4 个孩子，儿子是最小的一个。

小病床四周有围栏，就像个大摇篮，当时儿子还只能爬，就算我有事稍稍离开一会儿，也不用担心他会从床上掉下来。

这天早晨，儿子为了追赶我，竟然扶着围栏站了起来！天哪，他还不满 8 个月呀。大家都高兴地欢呼起来，他弄不清楚为啥，也咯咯地笑了起来，露出几颗洁白的乳牙。

　　儿子真爱玩！医生给他听诊心脏时，他像个小猴子，双手不停地抓医生的听诊器，连一双小脚也不停地踢着，嘴里说些只有他自己才懂的语言，连医生都忍不住自语说："这孩子若真是地中海贫血，真的太可惜。"

　　儿子会站立以后，就总爱扶着病床的围栏站起来。那天护士去给他打针，说是要打在手腕内侧。儿子从未被在这个部位打针，笑呵呵地将小手伸过去，一针下去，他立即哇哇大哭，惹得满病房的大人一阵哄笑。

　　从那以后，只要儿子醒来，就决不肯待在病房，哭闹着一定要出去！

　　湖南的冬天，外边多冷啊！可为了让儿子少哭儿声，我还是想出个好办法。我用一条大浴巾将他严严实实地包好，裹在我的大衣内，让他的小脸朝外，再把我的大衣拉链拉好，我像个袋鼠妈妈一样，"袋"着宝贝儿子到处走动，只有在医生查房时才回到病房。

最难的还是给儿子做吃的。他没有奶吃，只能吃米糊糊（奶粉更是没有，一个孩子出生，只能分配 2 斤 ^① 奶粉）。儿科病房没有可以煮东西的火，其他孩子的家长告诉我："楼上三病房有火，可那儿的护士很严厉，不让其他病房的人去那儿用火。"但我没有其他办法，只好"铤而走险"。

这天早晨，我正在给儿子煮米糊糊，正巧被那位最凶的护士看见，她张口就骂，言语十分难听。

我强忍着，因为我实在没有其他办法能解决儿子的吃饭问题。

突然，她冲过来说要倒掉我的东西，我慌乱得不知所措，几位在排队等候煮东西的人也被她的行

① 1 斤 =0.5 千克。

动给吓呆了，我听到人群中有位男同志说："算了，你也是一位女同志，人家说了，她一个才8个月的孩子没有奶吃，家又住得太远，我们都没有意见，你有什么意见啰。"

人在坚强斗争的时候，心里绷着一股气，但突然被关心和理解，这股气一下子就泄了。他这么一说不要紧，我泪水的闸门一下给打开了，我失声痛哭，直哭得浑身发抖、手脚冰凉。

天无绝人之路，主治医生知道这件事之后，把她家的钥匙给了我，说："到我家给孩子煮吃的吧，不要客气。"

天下还是好人多！

儿子除了不明原因地高烧、血色素指标一直上不去，还有网织红细胞总是不正常，所以医生怀疑他患的是地中海贫血这种让人心惊肉跳、惶恐不安的病，我终日以泪洗面。

那天，医生对我说要做个骨髓穿刺化验才好确诊是不是地中海贫血。

要用一根毛衣针那么粗的针扎进只有 8 个月大的儿子体内，从骨髓里抽出一些髓液，去诊断一种在当时认为即便确诊也无法医治的病，那有什么必要呢？我流了一夜眼泪，跟自己苦苦斗争了一个通宵，最后决定：不做检查，出院！

第二天一早，我当机立断地办了出院手续，抱着宝贝儿子径直回家。思明得到研究院的通知，匆匆忙忙从外地赶到医院，扑了个空，直追到老妈家，又扑了个空！再追到漾湾镇，他才见到抱着儿子失魂落魄地哭得一塌糊涂的我！

"不哭！坚强些，不哭！！再难我们在一起。"思明强忍着泪安慰着我。我们三人抱在一起，我使劲儿地哭，就好像天塌下来了一样。此后我们走上了求医、治病的漫长之路。（多年之后我才知道，是思明患有轻度地中海贫血。）

5.♡ 一只小麻雀

儿子 9 个月大的时候，我们给他买了个他在上面能站能坐的小推车。小推车的车座前有一个小小的台面，上边有一串能移动、会发声的小玩具。

有一天，隔壁家的外婆给儿子送来一只小麻雀，这只小麻雀小得可怜，黄黄的小嘴巴，羽毛还没长全，还不会飞。我用一根细线将小麻雀拴在儿子的小推车台面上给他玩。我根本没想到，一个 9 个月大的宝宝，和一只羽毛都没长全的小麻雀之间会有多少意外发生。

大约 10 多分钟之后，我突然听到一阵奇怪的声音，是儿子和小麻雀一起发出来的。我赶忙跑到儿子跟前，哇！一个好让人哭笑不得的镜头！

　　天哪！儿子将小麻雀塞进嘴巴里，用他刚长出的几颗乳牙，死死地咬住小麻雀的脑袋，用一只小手紧紧抓着小麻雀，使出吃奶的劲往外拉！口水都流出来了！我立即惶恐地掰开儿子的小手、嘴巴……

　　不能吃呀！它是只活的小麻雀呀！

　　可解救出来的小麻雀已奄奄一息！

　　儿子这才哭出声来。我抱起儿子，轻轻地拍着他的背。等他停止哭泣之后，我再看那只可怜的小麻雀，见它已命归黄泉！它的头上沾满了儿子的口水。天知道，那几颗小牙会有多大的咬力呢。

6. ♡ 上幼儿园

由于研究院的职工常年在外出差，院里的孩子只要出生满 56 天就可以送进幼儿园。①

儿子一岁左右吧，我想试试能否让他白天上白托班，晚上接回来睡。这样，白天我就能安静地上课，晚上儿子也能安心睡觉。与先生商定后的一个周一的早晨，我真的把儿子送进了幼儿园。

班里的孩子都不太会走动，每人都有一个能站能坐的小车，车前缘一个台子上有些串起来的小玩具，孩子的手刚好够得着。儿子太小，无法跟他讲太多道理，而我最大的失误，是我忽略了一岁左

---

① 根据《幼儿园工作规程》规定，幼儿园是对 3 岁以上学龄前幼儿实施保育和教育的机构。此处应为单位自办的托儿机构。——编者注

右的孩子正处在刚能辨识生、熟人的阶段，突然改变他的生活环境，一下子让他看到太多的生人，他当然无法接受！他顽强地反抗，用他特有的高招儿——使劲哭！不吃、不喝、使出吃奶的力气哭！

老师说：不怕，都有个过程，过一两天就好了！

送完儿子，我也不忍离去。我躲在墙外，在离儿子最近处躲起来，我能从几个孩子的哭声中准确地听出儿子的哭声。于是他在墙内哭，我在墙外哭！直到一位同事发现了我，打趣着拉我离开。那一整天，我无法安心上课，时刻惦念着儿子。直到下午4点，可以接小孩子的最早时间，我径直跑到幼儿园接到儿子。他显得很疲倦，不知道他哭了多久，会这么累，这么伤心，这么无助，这么可怜兮兮！

"妈妈"，一见到我，儿子还是笑了！伸出一双小手臂，紧紧地抱着我的脖子，好像怕我再次把他交给陌生人。他那可怜楚楚的小模样，让我的眼泪不争气地夺眶而出。我决定：再难，我也要自己带儿子，当然，我的妈妈会来帮我。

儿子第一次进幼儿园就这样结束了，短短的一天里，母子俩都不知流了多少眼泪！

7. ♡ 小脚脚没看见了

儿子学习走路，也就一岁左右，还没能完全走稳时，他总要自己走。他走路的姿态活像只小鸭子，让人忍俊不禁！小脑袋往前伸着，嘴里说些只有他自己才知道的话语，满脸得意的笑，小脚使劲踏着地面，一不小心就摔个嘴啃泥。好在他不太爱哭，会很快用两只小手撑起身子，仰起头来，可怜兮兮地望着你。

"不怕，我们最勇敢，我们长大了要当空军。"

一般情况下，我不会去扶起他来，而会让他自己爬起来。如果真的摔得重了，他哭了，我才会立刻抱起他来，拍拍他的背、摸摸他的头。

"不怕，这次不小心，我们下次小心点儿就是，典典好勇敢！不喜欢哭……"

儿子把小脑袋靠在我肩上，安静几分钟后，又嚷着要下去自己走。尽管这时抱着他比让他走更省事，但我还是尽可能满足他的要求，让他自己走。

奇怪的是，当儿子真能走稳当，甚至能稳步地小跑时，他反而不肯走路了。不管去哪儿，走不了几步，他准会举起两只小手，用肚子贴着我的小腿，一脸恰似可怜又似狡猾的样子。

"妈妈，抱！"

"自己走，妈妈抱不动你了！"

他会再走几步，然后又开始撒娇，耍赖。

"妈妈，抱！"

他再次用小肚子贴着我的小腿，一步也不肯再走。分不清他是真累还是撒娇，但想到他毕竟还小，我也就乖乖就范，将他抱起，他便又开心又得意地笑了，甚至会拍拍小手，抱着我的头亲一下。

"典典的小脚脚呢，典典没有小脚脚啦，典典没有小脚脚，只好让妈妈抱着呀……"

他立即兴奋起来，用双手捂着自己的眼睛，一边笑，一边嚷："小脚脚没看见啦！小脚脚没看见啦……"

我顺势吻他的脖子，他怕痒痒，挺起小肚子，使劲往后仰着，咯咯地笑，整个人弯成个"C"字，让我抱都抱不稳。我们就这样闹着、笑着、走着，直到目的地。

8.♡ 会翻跟头的小狗

儿子小时候，香港的大伯给他买了些玩具，都是用电池的，有小推土车、救火车、环形铁路……他最喜欢的是一个小河马和一只会翻跟头的小狗。说出来真的有些寒碜，因为电池太贵，我们从没能让儿子尽兴地玩过，每次玩一会儿就收起来。想着这样能让他多玩几次。

儿子真的好乖！他没玩够也不吵闹，也跟着我们乐呵呵地说："好好休息啊，小宝宝，休息好了，再出来玩。"

那只小狗也真够好玩的，它会自己走，走几步后又会翻跟头，儿子对它真是疼爱有加，睡觉都抱着。

有一天，不幸的事发生了！我在房里用盆子洗衣服，旁边放着一桶水。儿子抱着他的小狗狗，看着我洗衣服。突然，他冷不丁将手中的宝贝放进水中："给狗狗洗澡澡，给狗狗洗澡澡……"等我反应过来，从水中捞出小狗时，小狗全身湿透了！我立即取出里面的电池，用毛巾擦干小狗。但一切努力都迟了！从此小狗再也不会叫、不会走，更不会翻跟头了！儿子为此哭过好几次，哭得我心里好酸、好痛。

钱，有时还是蛮有用的，尤其在它实在不多之时。

又过了些日子，他老爸不知为何买了一只真的小狗回来，它的个头儿跟那个玩具狗差不多，更有意思的是，它会把玩具狗当成自己的同伴。

而这只小狗却是买来吃的，他老爸听说小狗的肉很滋补，还专门在肉汤中放了个鸡蛋给儿子吃。

才 1 岁多的儿子看到老爸弄死了狗，等我回到家，儿子哭着说："妈妈，毛毛狗狗、毛毛狗狗，爸爸杀了……"哭得好伤心！儿子真的好善良！

但他还是不知情地吃完了那个鸡蛋。

9. ♡ 开始说话

儿子出生后，就一直陪着我和思明读书。我读电大，思明脱产学英语。两位大龄者初为人父母，又要当学生，每天都忙得头昏脑涨。儿子却毫不示弱地与我争夺分分秒秒！我恨不得将一分钟化成十分钟用，可时间总是不够用！

儿子的绝招是哭！他很会哭。饿了，哭！要拉屎了，哭！要睡觉了，哭！想要你抱他，哭！生病了，更是哭！哭声可怜兮兮的，像个小老头。爱子心切的我，常慌忙得不知所措。爱他、心疼他，又对他无可奈何。看他哭得伤心时，我也跟着他哭！

儿子学说话很早，也就三四个月左右吧，他想吃奶、喝水时，就会发出"啊""嗯"的声音。我想这可能是本能的发声吧，但从此之后，只要有机会，我就会有意识地试着与他沟通。

从儿子45天开始，我们就专门为儿子购买图书，开始了最早的家教。

小猫，啊呜——

羊，咩——

牛，哞——

风，呼——

钟表，嘀嗒，嘀嗒——

儿子开始学说话大约是在他10个月时，也许是因为我的老爸跟他待在一起的机会最多吧，反正他最先学会叫的是"爷爷"。声调很高，跟小鸟的叫声相差无几。

有了"零"的突破后，说话的进度有了突飞猛进的变化，不到一周，他看到画上的羊，就会皱着眉头摆摆脑袋"咩——"。

而看到牛时，他就会立刻用小手捂着自己的鼻子"哞——"。

特别是一看到钟表，他的眼睛就发亮，嘴里跟着发出"嘀嗒——嘀嗒——"的声音，那模样，真让人爱得不行，恨不能咬他一口！！

但他想吃东西或想让我抱他时，还是会发"啊""嗯"的声音……

儿子1岁左右，就已经能用三四个字准确地表达自己的意思了。他叫我的时候，也改成了"嗯妈"。我则开始抓住一切机会教他说话，同时教他英语单词：

小猫——cat

苹果——apple

鸡蛋——egg

飞机——airplane

书——book

谢谢——thank you

…………

有一天，我必须去学校做实验，无奈之下只好将儿子用背袋绑在胸前去赶公交车。左肩是我读电大在用的书，右肩是短暂寄存儿子时要用的奶瓶、衣服。在等车时我一遍又一遍地跟儿子对话：

小猫——cat

苹果——apple

鸡蛋——egg

飞机——airplane

书——book

…………

我想这次学会了。等到公交车一到，在我挤进车门的一刹那，我再问儿子："小猫？小猫？"

"——啊呜——"他毫不犹豫地回答我，让我笑得腿都发软！

从儿子开始会说话，他说得最多的话就是：为什么？

飞机为什么能在天上飞？

汽车为什么能跑那么快？

鸭妈妈会游泳，鸡妈妈为什么不会？

…………

我开始感到有压力，好多东西我真的不懂！我当然不能胡编乱造来应付他，于是我赶紧找书，在有限的时间里再挤些时间去看《安徒生童话》，去看《十万个为什么》……我能解释的"为什么"，我一定尽可能让他懂；我解释不了的"为什么"，我会告诉他：这个问题妈妈也不知道，你快快长大，等你上学了，学到好多好多知识，你自己就会懂。

只有等到他睡着了，那张小嘴才会闭上，我才能学习，可我的眼睛也困得睁不开了！

MOTHER

10. ♡ 第一次回老家

第一次带着儿子回老家，是 1981 年的春节。

忙碌了一年，春节也就几天假期，本不想凑热闹将假期塞在路上，可年过 70 岁的老妈，托家姐来信一再强调说："你们全都可以不回来，但典典一定要回来！"可典典当时只有 1 岁多啊，分明是下了加急"军令"——无论如何，我们都得回家过年！

赶紧买了些糖果，托人买了两张车票，我们就挤上火车。

那年头，春运的车票也是一票难求，更何况我们是说走就走的呢。车上能有多挤就有多挤！洗手间都站着人，中间的过道里更是挤得水泄不通。我和先生只好站在人群中轮流抱着儿子，儿子还好，吃饱喝够就甜甜地睡了。

儿子半夜醒来，睁大眼睛一看，哇！这么多人呀，不知当时他小脑袋里想些啥，反正他突然说："妈妈，我要跳舞！"

天哪，我的宝贝！妈妈连站的地方都不够啊，哪有你跳舞的地方？

我还没来得及劝阻儿子，他居然就放开嗓门唱了起来。

爷爷跑，胡子翘，奶奶跑，哈哈笑……

半夜三更的，这个连说话吐字都不是很清楚的儿子，以他那稚嫩得让人忍俊不禁的歌声，唱醒了旁边的几位旅客，大家都哈哈地笑！顿时，几位有座位的旅客友善地站起来，把座位让给我坐。

"坐我这儿吧，我能站站，你们真不容易，这孩子真有意思！"

我们一再表示感谢，就这样站站坐坐到了广州。

我们乘船从广州到惠州，船上只有卧铺。我们有两张床位，把中间的床隔板拿开，就真的可以让儿子跳舞了。可儿子完全没有了表演兴致，他一个劲儿地爬来滚去，让我做"老猫"去抓他，我当然从令行事，直到他玩够了、玩累了，美美地睡觉了，我们才能闭上沉重得不行的眼皮。

船到达惠州时，天还没大亮，来接我们的人一大帮子，大家都抢着抱典典。一进家门，翘首以盼的老妈（典典的阿嬷）高兴得不知如何是好！满是皱纹的脸笑得宛如一朵盛开的花。

11. ♡ 与阿嬷藏猫猫

好不热闹！满叔去香港 30 多年，这是第一次回惠探亲，南京堂哥一家，长沙我们一家，广州堂弟一家，加上惠州原有四家，挤在一栋大大的老屋里。儿子是古家家族第三代宝贝里最小的一位，无形之中成了核心人物。他最大的特点是不怯场！不管谁，让他背唐诗、唱歌、跳舞，他都有求必应，从不推诿。

只有他与阿嬷藏猫猫时，他就谁都不理会了！他穿着一双大娘（伯伯的爱人）专程替他从香港买回的鞋，在人群中挤来挤去。他每走一步，小鞋就会发光，发声音，他咯咯地笑着，可怜的老妈跟在他后边一个劲儿喊着："典典，你在哪儿？阿嬷为什么看不见你……"

他个子小，又灵活，在人缝中穿梭，楼上、楼下、堂前、屋后，笑声、闹声比人挤得更厉害，它塞满了每个角落，溢出屋外，溢出小巷外。

这祖孙三代，最老最小的组合，把老妈折腾得够呛，可谁也劝阻不了他俩，他们就以这种最简单的娱乐方式，快乐着对方，直到精疲力竭！

奇怪的是，到晚上睡觉时，玩疯了的儿子竟然可以放弃跟妈妈睡的要求，更是谢绝跟阿嬷睡，他要挤在一张床上，睡在四个哥哥的中间，任凭他们推来挤去……

老妈在一旁守护着，直到五个小子都睡熟了，才轻手轻脚地从孩子堆中抱起她的小孙孙，乐颠颠地捧到心窝窝上，美美地睡上一觉。

此情此景，一晃数十年，直到自己当了奶奶，才真正地读懂其中滋味。

12. ♡ "狮子"不咬人

我的老妈不知如何才能表达她对典典的爱、她的欢乐，那天，也不知谁给她出的点子——请舞狮子的人到家里来舞！

一只"大狮子"在一阵鞭炮声中舞进门来。我估计典典会害怕，除了鞭炮声太大，他还没有辨别这狮子是真是假的能力。当比典典体型大数倍的双人舞动的"狮子"舞到他跟前时，他害怕到了极点！

我赶忙抱着典典，在一片哄乱声中一遍又一遍地告诉他，这"狮子"不会咬人，它是假的，是叔叔演给典典看的……可无论我如何讲，他就是哭！

要命的是：不知谁指点了舞狮人，一定要让典典去摸摸狮子的头！于是，一头"狮子"张开大口直朝着我俩而来！我自己都有点害怕了，何况小典典！

他哭得更厉害了，用双手死命拽我的头发，声音都哭不出来了。我赶紧抱着他冲出人群。我想这可能是他有生以来最强烈的害怕表现了。在安静处，我将他抱在怀里，用脸去挨他的小脸，轻轻拍着他的背，安慰他："不怕，有妈妈在呀，狮子是假的，是叔叔演给典典看的……"

过了几分钟，鞭炮声、锣鼓声平息下来，舞狮子的人走了出来，人们还沉浸在欢乐中。典典擦干了眼泪，远远地望着舞狮子的人离去。直到人群消失在巷口，他才破涕为笑，用小手指着舞狮子的人消失的方向说："妈妈，狮子不会咬人！"小家伙把大伙逗得又笑了一阵子！

其实，多年以后，典典"第一次登台表演"的流产，我想很可能与这次鸣炮舞狮有关。

三代人，突然生活在同一个屋檐下，老人恨不得分分秒秒给小孙孙最大的快乐、最好的享用，但她又如何能知晓她的小孙孙最喜欢啥，最害怕啥，最需要啥呢？

当我也当阿嬷时，我会尽力注意的，但，真能尽善尽美吗？不可知之。

广东人过年，很看重发红包。1981 年春节，典典第一次回老家过年，12 点钟声一响，长辈们就依次给小字辈发红包。典典得到红包就立即交给我，他对于钱多钱少还没什么概念，但知道那是个好东西。他把钱交给我时，脸上明显有种"虽然不解、但很得意"的神情。

晚饭后，一大家子又聚集在一起，典典自然而然成为大家逗乐的对象！

这时的儿子已能背诵十多首唐诗了，任何一首诗，只要你说出前两个字，他就能准确无误把全首诗背诵出来。

背首唐诗吧：床前明月光，疑似地上霜……
好哇！

大家一阵欢呼、一阵鼓掌，他高兴地扑进我怀里，用小脑袋不停地擦着我的胸脯，我感到一股热烈、自豪、快乐的感情从很深处冒了出来。

阿嬷的快乐，典典的有趣，我的自豪，路人的善意，1981年惠州西湖边的小巷，构成了那一年我回乡的记忆。

13. ♡ 一二三四五六七，我的朋友就是你

那年回乡过年还有一件事，我和思明一直都认为那是一个谜。我真的想不明白，当时只有一岁多的儿子，会察言观色？不可能。是亲情骨肉莫名的相连？不可知。

但儿子的表现让人叹服，甚至不可思议，让他的大娘回香港前大哭了一场！

那个年代，从惠州去香港只有大巴车，从汽车站出发。

在汽车站送别大哥一家时，典典有求必应地表演唱歌、跳舞、背唐诗……（大嫂一直感叹说：如果典典在香港，一定会上电视台。大人也商量过，

可否将儿子送给大哥大嫂，因为他们没生育能力。）
车快开了，大嫂说："典典，再给大娘跳个舞吧。"

"好的！"他居然唱起了这首歌：

一二三四五六七
我的朋友在哪里
在学校呀在家里

他一边跑，一边唱，唱到最后一句时，他发现
自己离大娘好远了，他赶紧朝大娘跟前跑过去，高
高地举着一只小手，一直跑到大娘面前，这才放下
小手，指着大娘接着唱道：

我的朋友就是你！

然后他一头扑进大娘的怀里。

　　这一指、一扑不要紧，却把大娘给弄哭了！多情真被无情扰啊！

　　"大娘真的好喜欢你！大娘下次一定带你去香港……"大嫂不停地擦眼泪，大家不知所措，个个不敢吱声。

　　宝贝呀，你为什么会在这种情境下，以这种方式唱这首歌呢？不得而知。

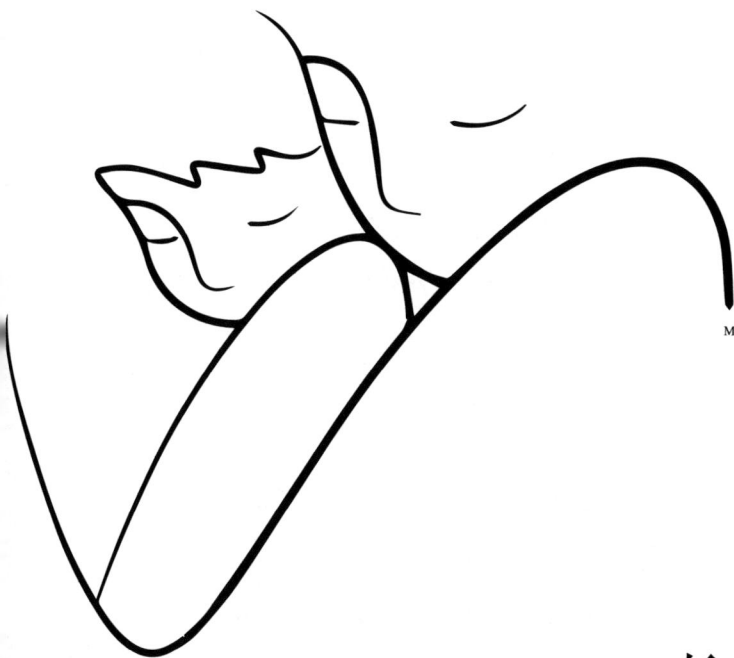

MOTHER

第三章

长大不容易

14. ♡ 长大不容易

在儿子生命最初的两三年里，他几乎是去医务
所次数最多，也最受欢迎的小病人。

你又来啦。

护士格外轻柔地给儿子打针，儿子也不哭，大
家都叫他"阿童木"。吃药时他就是"一休"——他
会用两只小手在两耳旁不停地转动。他知道，只有
吃好药、打好针才能长成像"一休"一样聪明、像
"阿童木"一样勇敢的孩子！

儿子的懂事、乖巧常让我心痛得眼泪直流！再
难，我们也没放弃对儿子的早期教育，在他 45 天之

时，我们就开始给他买书。

他爸爸长年出差在外，每次回家，也总会给他买书。

儿子很小就会自己看书。

我每次写作业，他都会乖乖地坐在我的身边，认真地看书，小嘴不停地对自己唠叨："典典乖！不吵妈妈写作业！"

可没过一分钟，他又会发问："为什么呢？为什么呢？"

我知道这是儿子学习兴趣的起步，不论我多忙，也会放下作业，解答他没完没了的提问。

等他这只"小麻雀"真正闭上嘴，我的眼皮却怎么也抬不起来了。

我的成绩单出现了红字①，理论力学要补考！

---

① 即成绩单上有不及格的科目。

　　我坐在床边流泪，儿子跑进来扑到我怀里，从围兜的小口袋里掏出小手帕，帮我擦眼泪，嘴里不停地安慰我："妈妈乖，妈妈不哭。使劲擦、使劲擦，就没有眼泪了！"

　　为了让我更好地完成毕业设计，思明出差也带着儿子。一个画板，可以让儿子一个人在招待所等上爸爸一天，陪伴儿子的只有招待所里养的一只羊羔。

　　思明有时要半夜起床赶火车，背着熟睡中的儿子去车站。儿子在爸爸背上被吵醒时，不但不哭不闹，还会对爸爸说："爸爸，我自己走路，爸爸好累！"让人听了鼻子发酸！

　　有一次在转乘路上，思明抱着儿子走进一家餐馆，想给他买点东西吃，儿子突然说："爸爸，好贵是吗？我不饿了，我能顶得住，我们回家吃……"

那时儿子才三四岁啊！就这一句话，让他爸爸内疚、心痛到只想哭！

等儿子能满地跑了，他爸爸就给他买了辆童车。童车有四个轮子，可以推着走，但小孩只能在车里坐着或站着，不能在车里睡觉，但在那个年代，这已经算"高档消费"了。

典典的外公每天用那辆童车推着他到几公里以外的公园去，在宽阔的绿草地上，一只小皮球可以让儿子高兴一整天！

儿子跑呀、追呀，乐不可支！玩累了，他就沉沉地睡了。外公疼爱他，不忍将他放进小车，只好一只手推着童车，一只手抱着他。等走回家时，外公浑身是汗，而儿子正巧睡醒。洗个澡，开始吃饭。

外婆给儿子准备了他最爱吃的大肉饼，那是她专门为他做的。一张方凳就是孩子的餐桌，他不用大人喂，自己吃得又快又好，让不少大人羡慕不已。

儿子三岁那年，他爸爸带他去北京协和医院复查，儿子的血色素上升到了9.5克，网织红细胞水平也正常了！

也许是"精诚所至，金石为开"吧，我的儿子终于成了一个健康、活泼、聪明、可爱的孩子！

15. 人行天桥是游乐场

长沙最早的一座人行天桥——湘江大桥，在五一路的最西端，湘江边上，太平街路口。这是所有车辆、行人从河东去河西的唯一通道。而桥下是热闹非凡的贸易集散地。

儿子那时也就两岁左右吧，偶然抱他上过一次天桥，发现他非常喜欢在桥上看桥下来来往往的车辆。此后，只要到了河东，我一定想办法带他上桥看看。

大桥全部是钢材结构，梯子、桥面全铺着钢板，人走在上边会发出咚咚的响声，儿子爱听这些声音，特别爱登上桥面看来往的车辆。奇怪的是，他只喜

欢看汽车迎面开过来的景象，而不肯看汽车离他
而去。

　　我很少抱着他看，怕万一有什么闪失，会把他
从天桥上摔下去。真的，当汽车飞驰过来时，我心
里都有些害怕，我会蹲下身去，用双手围着儿子，
让他从桥的栅栏缝隙里往外看。每看见一辆车开过
来，他就快活得直跺脚、蹦跳，大声地笑。

　　"大货车来啦……"

　　"小汽车来啦……"

　　"公交车来啦……"

　　我不停地说，他不停地跳。直到两人都累了，
才心满意足地回家。

　　其实，现在细想起来，对于孩子而言，让他快
乐，并不一定需要太昂贵的玩具，多花时间陪他，
看他喜欢啥，跟他一起玩就好。

　　近期，我回了趟长沙，专门去寻了一下当年的大桥，可它早已不见踪影了，取而代之的是更加宽阔的街道和拔地而起的高楼。但母子登天桥、看奔驰而过的汽车的温馨而甜蜜的画面却还清晰地留在我脑海里。

16. ♡ 第一个中秋节

按农历计算，儿子是四月底出生的，过第一个中秋节时还不满四个月。

那个年代的中秋，一家人吃过晚饭后，将一个月饼切成数块，如果每人能分得一两块月饼再加几颗糖果，就算很讲究了！

晚饭过后，月亮升起来啦，思明准备赏月的吃食，我在一旁抱着儿子，逗儿子玩。

儿子小时候，最令人叹绝的是他那双乌黑发亮的眼睛，还有长长的睫毛，不但密而且卷曲。

儿子未满月的日子里，我按长辈们的教导，趁他熟睡之时，将睫毛的尖端剪过一两次，不知他长出又长又密又卷的睫毛是否与这有关。

当一切收拾好，我抱着儿子坐在桌子旁，让儿子面对着桌子。

因为他太小，手腕和手肘还不太能随心所欲地伸屈。

但他明显对月饼有兴趣！

他先是双手用力拍打桌面，随后左右开弓，以迅雷不及掩耳之势将桌上的月饼划得满桌都是，有的还弄到了地上！他却高兴得分不清是想哭还是想笑，嘴里嘟嘟囔囔地不知说些啥。

天哪！你竟会如此捣蛋呀，一家人哈哈大笑。那乐呵劲儿真比吃月饼都开心！我们谁都没有料想到，那晚唱主角的竟是这个小不点儿！

老妈只说："别唬到孩子，别唬到孩子！"

思明一边收拾残局，一边笑着对儿子说："明年，你就可以自己好好吃月饼啦，快快长大啊。"

我抱着儿子走到阳台上，皓月当空、月色如水，阳台下是一眼望不到边的橘园，月光下依稀可见挂满枝头的橘子，快要红了！

我轻轻地拍着儿子的背，低声地跟他说："快快长大，我的宝贝，明年妈妈带你到岳麓山上去看月亮！"

儿子很快就睡着了，睡得好香，好香。

不知儿子会不会有梦，有没有梦见到岳麓山上看月亮。

下一年的中秋节，老妈回她自己家了，三弟来家。晚餐后，我们一行四人直奔岳麓山！

儿子已经会说很多话了，口齿伶俐，小嘴咿咿呀呀，滔滔不绝。

我们到达爱晚亭时，天色还早，太阳的余辉还未散尽。"爱晚亭"三个字，在西下的夕阳里还清晰可见。

突然，儿子在他爸爸怀里挥动着手臂尖声叫道："爱晚亭！"

"哇！这么小的孩子会识字？太棒啦！"一位游客惊呼。

"不会，他不识字。"他爸爸解释说。

儿子又用小手臂从左到右比画了一遍"爱晚亭"！哈哈！大家都乐了！

原来亭上的三个字是从右往左排列的，而儿子的小手是从左往右比画的！

儿子被大伙儿哈哈的笑声弄得不知所措，他还不明白大人为什么这样笑。是表扬他，还是嘲笑他？

他将小手臂收回，趴在爸爸肩膀上，瞪着一双乌黑发亮的眼睛，咧着小嘴，似笑非笑，几颗还未长齐的乳牙因脸上的表情尴尬而左右不对称地咬合着，口水都快流出来了！

　　我心疼地接过儿子，也开着玩笑说："明年我们就认字啦！不怕你们笑啦。"

　　儿子示意自己下地走路，我们牵着他的小手，他一直蹦着、跳着、雀跃着。我们在爱晚亭旁边的湖畔选了一处最佳赏月地点坐下。抬头，一轮皓月挂在天际；低头，皓月静静地映在湖面，撒满一湖碎银。

　　下山时，可能夜里10点多了，路上行人不多，没有公交车，更没有出租车，我们轮流抱着儿子往回走。

　　"典典，下来自己走路好吗？"

　　没有回答。

　　记不起是谁在路边的树上捡到一根看上去蛮干净的绳子，我突发奇想，把绳子的一端拴在儿子身上，另一端牵在我手里。

"月亮走，我也走，我跟月亮是好朋友。"

我不厌其烦地重复着。

儿子终于要下来走路啦，"月亮走，我也走，我跟月亮是好朋友！"

儿子笑着、走着、念着，还真走了不少路！

"妈妈，我要睡觉啦！"儿子说。他爸爸赶紧抱起他，不到一分钟，儿子就沉沉地睡着了。

直到返回家中，我们帮他洗脸、洗小脚丫时，他仍旧甜甜地睡着，摇都摇不醒！

17.♡ 眼睛风波

儿子小时候有个不好的习惯，喜欢用手揉眼睛。眼睛不舒服时、受到委屈时、想睡觉时，他就用手揉眼睛，而且力度还不小。因为他太小，没有想到要带他去专门看眼科，不想这小不点儿竟会惹出一出大事，让所有见到的人都心惊肉跳！

"妈妈，妈妈，我眼睛好难受！"

不知何时，不知为什么，几分钟前还没事的儿子，突然跑到我跟前，睁着一双让人惊恐万分的眼睛！一双眼睛全鼓出大泡泡来，好像虹膜都要破了！双眼无法闭上！我发疯一样叫来思明，他抱着儿子直奔医务所，医生也吓坏了，谁也没见过这种状况啊！医务所赶忙派车前往河东的湖南医学院！

　　车一路奔驰着，儿子乖乖地躺在他爸怀里，不哭、不闹，也不叫痛。我一直用手按着他的双手，怕他再去碰他的眼睛。我泪如雨下，思明没哭，但明显看得到他强忍的泪花！宝贝呀，你到底出啥事了呢？你怎么会把一双让人看到就爱得不行的漂亮、灵光、炯炯有神的眼睛弄成这副模样啊，能治好吗？会瞎吗？……一个个可怕的想法让我几近疯狂，我失声痛哭着。真要有啥意外，我会悔恨一辈子！我宁肯自己瞎了，也要还儿子一双明亮的眼睛！

　　车赶到医院时，已是亮灯时分，一位眼科医生在急诊室接待了我们。

　　"不急，问题不大！急性水肿。"他说了句我听不太懂的话。但听到"问题不大"这四个字，宛如一个溺水的人抓到了一根救命稻草一样，我破涕为笑了，不停地感谢这位连名字都不知道的医生！

"千万注意别让他再用手揉眼睛。"

我们开了些药，回研究院了。接下来的几天，我时刻陪护着儿子，他睡熟了，我仍睡在他身边，握住他的小手，只要他稍有动静，我都会醒来，我要看住这双闹大事的小手！

这次有惊无险的事，到底是什么原因造成的？为什么会那么吓人？至今我也没弄明白。

18. ♡ 没学识字

儿子两岁半正式进入幼儿园。

进幼儿园之前，我给他做了不少思想工作。这时的儿子，能说会道，很懂道理。我告诉他："妈妈要上课，爸爸要出差，幼儿园里有好多小朋友，老师会教你好多好多知识，如果长大了要当科学家，那你就一定要去上学……"

第一天送他去幼儿园，他没有大哭，但进校门时小嘴翘得老高，眼泪在眼眶里转着，分明是强忍着不哭。其实何止他呢，我也是含着眼泪的。

"早点来接我！"儿子还是哭了。

我赶忙离开，然后偷偷跑到离他最近的窗口，一边听他哭，一边偷偷地流泪。

还好，只用了三天时间，儿子就适应了新生活。但每次送他，他总不忘对我说：早点来接我！

也就三岁左右吧，他们班里一位叫韩韩的小朋友会认 200 多个字。老师、家长时常议论他，我开始寻思，该不该也教儿子认字呢？

其实，从儿子 45 天起，我们就给儿子买书。那时家里经济状况不好，一家三口紧紧巴巴地过日子，两人的工资必须合理安排，但给儿子买书，买吃的、用的，总是排在第一位。

儿子是全家的希望。我乐意节省，再节省，却从不怠慢儿子。

奇怪的是，儿子对书还真有些先天的兴趣！才几个月，他就对大红大绿的色彩情有独钟。我把他抱在怀里，只要打开书、一页页翻动，他真的就不哭闹了。

"春天来啦，小燕飞回来啦"，我给他讲着，他的眼睛会跟着彩页走，天知道他能懂多少？

但只要把书拿开，他就哭；捧着书慢慢给他讲，他就会静静地听。

我决定，先不教他认字，只教他与字有关的内容。

就说"风"字吧，我告诉儿子：空气流动，就是风。

可儿子天生难缠，24 小时里，除了上幼儿园或睡着了，小嘴巴里总会不停地发问"为什么""为什么"。

"空气是一种看不见、闻不着、摸不到的东西。"

"为什么看不见呢？"

"因为它没有颜色。你看红红的花、绿绿的草，可空气没有颜色，你当然看不到它呀。"

"那为什么闻不到呢？"

"因为它没有气味。你闻闻排骨多香！可空气它没有气味，你当然闻不到它呀……"

这时儿子已经闭上了双眼，摇晃着小脑袋，使劲将小嘴努起来，用小鼻子吸了又吸，又用小嘴呼呼地吐气。

突然，他扑进我怀里，高声叫道："我闻到了香香的气味！"

他咯咯地笑，用小脑袋顶我的胸部，弄得我忍不住大笑，我顺手将他抱起来，去亲他的脖子。

我说："我也闻到了香香的气味！"母子俩乐在其中……

"为什么抓不到它呢？"笑定后，儿子又发问了。

"因为它是气体，没有形状。你看圆圆的桌子、方方的椅子，可空气是流动的，它没有固定的形状。"

儿子突然认真起来："妈妈，孙悟空是空气吗？

他要打妖怪时，就变得看不见、摸不着、闻不到了呀！"

我呆住了！三岁的小宝贝，最崇拜的偶像孙悟空居然可以与空气也挂上钩！我真不知如何回答他，只好说："那是讲故事，妈妈现在是讲'风'！这是真正的知识。你要再不认真，妈妈就不教你认字啦！看，这个字叫风！"

"空气流动形成——风，"我将儿子抱起来，对着他的脸吹了一口气，"这就是风！妈妈用嘴吹动了空气，风就形成了！"

儿子马上学我的样子努起小嘴，使劲儿朝我脸上吹气，口水都喷到了我的脸上，他顽皮地咯咯地笑！我俩都乐了。

儿子一发不可收拾地"造风"。

我到厨房做饭，他拿起扇子帮我扇火。"妈妈，你看，我在造风！"

"你出去找找风好吗？"小小的厨房有他的光顾，我几乎没法做事。

儿子跑到阳台上，看见树叶在摇动，高兴地叫道："妈妈，我找到风啦！你快来看呀，风吹着叶子呀……"

你不能不从心底感到儿子可爱吧？

但他的举一反三也有令我无可奈何的时候。

其一，他要我抱时，会娇兮兮地举起双手，满脸可怜的样子："妈妈抱我！"

我只好抱起他，他将小脑袋舒适地靠在我的肩上，甜甜地笑着。

"典典长了小脚脚吗？"我问道。

"长啦！"儿子回答。

"那，小脚脚呢？"我又问他。

他会用两只小手将自己的眼睛蒙住，咯咯地笑着说："小脚脚不见了，变成空气了！"

我知道，这是我教他"风"字时给他的"武器"，他会用它来让妈妈抱他。

其二，教他读一首诗，那是我儿时学的一篇课文。

一个小球毛蓬松

好像棉絮，好像绒

对它轻轻吹口气

飞出许多小伞兵

风啊风

请把伞兵送一送

送到我们乡村中

到了明年三四月

路边开满蒲公英

　　儿子紧闭双眼，一脸顽皮的笑容，转动着小脑袋跟着我读。当读到"对它轻轻吹口气"时，他那双乌黑闪亮的大眼睛立刻瞪圆，两个小黑眼珠同方向地转到眼角，小嘴努成个"O"字，小脸鼓成个球体……

　　　　对它轻轻吹口气——呼——

　　　　飞出许多小伞兵——呼——

　　　　风啊风——呼——

　　　　请把伞兵送一送——呼——

　　　　呼——呼——呼——

　　你一句句教他，他可不再跟你读了，只是淘气地一直在吹："呼——呼——"

　　他在造风！

　　直到你忍无可忍，假装生气，不再理他时，他才会突然咧开小嘴，迅速地、一口气将"送到我们乡村中，到了明年三四月，路边开满蒲公英"读完。

对这个三岁的小人儿，我已经感到管教起来有些吃力了。

在他进小学之前，我始终没有教他认字。他几乎只识自己的名字，但"十万个为什么"，我却在散步、讲故事、登山等活动中慢慢地、尽可能地告诉他了。

所以在幼儿园里，儿子说的话、对他见到东西的描述，常令他的老师感到意外。

30 多年过去了，儿子的成人之路让我清楚地感到，当初不教他认字，而是尽可能地多教些常识、多讲些童话故事、多让他背诵些唐诗甚至英语单词，都有很好的效果，这算得上是一条成功的育儿经验吗？让事实验证好了。

只可惜那时自己太忙，留给儿子的时间和精力太少！

我常常想，当有一天我有了孙子（女）后，我会学习做个更好的奶奶，我会比培养儿子时多付出百倍的心思，好好地教他（她），让儿子、儿媳全心投入自己的工作，也算是弥补当年亏欠儿子的遗憾吧。

19. ♡ 第一次演出，没成功

长颈鹿个子高

大象的鼻子摇摇摇

孔雀开屏真美丽

大猴小猴蹦蹦跳

小朋友见了真欢喜

见到他们拍手笑

这是儿子刚上幼儿园小班时，幼儿园里教的第一首儿歌。班里抽出6位小朋友，要在六一儿童节那天在院里大礼堂汇报演出。那些日子，儿子不知有多高兴，一回到家，就像只小麻雀一样叽叽喳喳个不停："妈妈，我表演给你看！"

　　不管我有多忙，总会停下手中的活，乐滋滋地看他表演。他俨然一位小演员，演出的程序一点都不含糊！每次他都要先躲进房间，等到喊"预备——开始"才正步走到客厅，表演也才正式开始。他那副一本正经的样子，真让人忍俊不禁！

　　儿子奶声奶气，吐字却十分清晰，动作多少有些好笑。

　　他把两只手高高举过头，这就是"长颈鹿个子高"；

　　然后来个90度弯腰，两只小手合在一起左右摇摆着，这就是"大象的鼻子摇摇摇"；

　　再将两只小手分开在两侧，手掌朝外竖起，这就是"孔雀开屏真美丽"；

　　再将双脚并在一起原地跳几跳，这就是"大猴小猴蹦蹦跳"；

　　最后拍拍小手，晃晃脑袋，露出一张笑眯眯的脸，这当然就是结尾——"见到他们拍手笑"啦！

接下来就是我鼓掌。"好啊！真好！乖儿子跳得真好！"儿子会高兴地扑到我的怀里，仰起头来认真地说："老师说，我们代表全班小朋友在六一儿童节那天上台表演，要穿得漂亮些……"

6月1日终于到了。说实在的，我比儿子更盼望着它的到来，这毕竟是儿子第一次登台表演！

清晨，我给他穿上他平时最喜欢的淡绿色套装。送他去幼儿园时，他问我："妈妈，你会来看我吗？"

"会的，妈妈一定会去的。"

他笑眯眯地跑进了幼儿园。

六一儿童节那天下午，演出准时在大礼堂开始。幼儿园的孩子们坐在最前面，家长们坐在最后的几排，我远远地注视着儿子。他们已化好妆，头上戴着一个用厚纸做成的小头圈儿，脸上抹得通红。我远远地看着儿子，他好像也在寻找我，站起来四处张望，我使劲挥手招呼他，但他看不见我！我一直往前走，因老师一再说不能靠近孩子，我也只好挤在尽可能靠前又不让儿子能看到我的地方躲着，等待他的演出。

演出居然是在震耳欲聋的鞭炮声中开始的！这一鸣非同小可，儿子放声大哭起来，他毕竟刚刚三岁，离鸣炮处那么近，又没有大人在他身边。儿子这一哭，他的老师也慌了，她走近儿子，可儿子还是哭！我在老师的示意下好不容易挤到他跟前，抱起他、安慰他，可儿子好像打开了哭的闸门，越发哭得不可收拾！

我只好按老师的意思抱着他走出人群。儿子依偎在我怀里，小脸哭成了小花猫！我试着劝他归队，准备上台表演，他用两只小手死死地抱着我的脖子，无论如何也不肯松开。老师过来抱他，他连头都不肯抬。

小班小朋友的演出马上要开始了，儿子仍不肯归队。最后只有 5 位小朋友上了台，儿子那个位置——前排正中间的位置空着。不过，当其他小朋友表演时，儿子还是不时回头看看，只是脸上再没有一丝笑容。

儿子的第一次登台演出就这样流产了！

不知道这与第一次回惠州时，请人舞狮、鸣鞭炮有无关系？那次他真被吓破了胆吗？现在回忆起来，儿子好像在 10 岁之后，才不再怕鞭炮。

20. ♡ 儿子丢了

那年儿子大约三岁，我们还住在研究院宿舍 1 号楼。两家合住在一套二室一厅的房子里。儿子回来，家里的确没有玩的地方。所以儿子每次从幼儿园回来，总不肯上楼。

那是一个周末，我带儿子回家，到了楼下，儿子说："妈妈，让我在这儿玩玩好吗？你做好饭再来叫我。"

看着儿子那双乌黑发亮的眼睛、满脸期望的笑容，我没有拒绝他的勇气，但我一再叮嘱他："你只能在附近玩，妈妈做好饭就来叫你，你千万不要跑到妈妈找不到的地方去。"

就这样，儿子像只小兔一样蹦着跳着跑开了。

我上楼做饭。思明那天出差了，家里只有我和儿子。那时候还没有用上煤气，大家做饭都是用蜂窝煤炉。我回到家首先打开炉门，让空气进入炉子后，蜂窝煤火才慢慢旺起来，直到有绿色火苗蹿上来，才能炒菜。

那年月，我们只有几十元工资，日子过得紧巴巴的，可儿子的健康始终是家庭生活的核心，我会尽可能地给儿子做他喜欢吃的饭菜，保证他的营养。好在儿子不挑食，他只要有肉吃就行！吃饭一点都不淘气！看着他一口一口将小碗里的饭菜吃得干干净净时，我既欣慰又开心！

一切都弄妥后，我下楼寻找儿子。

"典典——典典——"

家属区与办公楼一墙相隔，中间有一道门。门的那边是一块空地，院里人常在那儿放露天电影。

那天晚上又放电影，但不在那儿放，在大礼堂放。大礼堂在院门口，紧靠着马路。

我先是沿着宿舍区的楼房一栋一栋去叫喊："典典——典典——"

不见儿子的影子！

我又绕着礼堂喊，看电影的人越来越多，大家听说我儿子走丢了，都跟着着急，都帮我喊："典典——典典——"

特别是邻居阿婆——一位和蔼可亲的老人，她认识儿子很多同学，硬是一家一家敲开儿子同学家的门，看儿子在不在他们家中。

时间一分一秒地过去，天渐渐地黑了，我的心一阵紧过一阵，喊声由洪亮变嘶哑，渐渐地只有哭声了！

"典典——典典——"

到处找不见儿子！我的宝贝，你到底在哪儿？

办公区、宿舍区、食堂、礼堂周围……能找的地方都找遍了，就是找不见儿子！

脑子一片空白，我只知道没命地哭！

"回家看看吧，他也许自己回家了。"不知谁说了一句。

我又像只无头苍蝇似的直奔家中。房子里有好多人，办公室主任也来了，大家商量着是否到派出所报警。我一点主意都没有，只是哭！

我真的不敢想，儿子怎么会不见了？让人拐走了？出了啥意外？

人们在议论、在分析。

我的心像被千万条皮鞭抽打着，当时我只知道号啕大哭！

突然，我仿佛听到一声哭声："妈妈——妈妈——"

是典典！我全身的神经都绷紧了，发疯似的直奔楼下，几个人跟着我跑下楼，一边安慰我说："别急，可能是典典，你千万别再骂他。"

我三步并作两步，连蹦带跑地奔到楼梯口。

真的是儿子回来了！

我赶紧一把把儿子抱在怀里。他一直哭，身子微微地抖动着，我用脸紧贴着他的脸，两个人的眼泪、鼻涕流在一起……有点儿咸！

可此时，我的心真比蜜还甜！我呵呵地笑着，眼泪却不断地流。这失而复得的宝贝儿子啊，再有几分钟仍找不到你的话，妈妈简直不知道如何活下去了！

千疼万爱都嫌不够啊，我哪里还会再去责骂他呢。

回到家，不知谁已在脸盆里倒好了热水。我一边洗着儿子那张哭成花猫一样的小脸，一边问他："妈妈这么长时间在找你，你到底跑到哪儿去了？"

"在办公楼，爸爸办公室那边。"

"你怎么会跑到那儿去了呢？"

儿子没有回答。

"妈妈那么叫你，你听见了吗？"

"听见了！"

"那你为什么不答应妈妈呢？"

"我跟妈妈捉迷藏，妈妈又不来捉我！"

天哪！一屋子的人都让儿子给逗乐了，哈哈地大笑起来！

这么多人，花了这么长时间找他，我急得只差跳楼了！他居然是在跟妈妈捉迷藏！！

我想象得出他在听到我的呼唤声时，咯咯地笑着，飞快地躲进办公楼，直往最高处爬的情景。我的呼唤声越大，他则跑得越快，直到再也听不见我的呼唤声。天完全黑下来的时候，他发现周围没有灯，连一个人都没有，才知道害怕，知道要自己回来。

好样的儿子！他毕竟还不到四岁，当他认定妈妈没有跟他捉迷藏时，还是一个人摸索着回家来。

丢失儿子时撕心裂肺的痛苦，慌乱之中不知所措的号哭，儿子失而复得时的欣喜，同事们的贴心帮助……宛如一杯浓浓的酒，留在我的记忆中。30多年过去了，它还是那么香、那么醇呀。

21 ♡ 第一次分床睡

儿子四岁生日那天，记不得受哪位"高人"指点，我和丈夫商量好，从这天开始让儿子单独睡觉。

我们把一张废弃的零号图板架在一张单人床的床架上，再在图板上垫上一床松软的棉被，又用一条大毛巾将小床四周包裹好，放上他的小枕头，小床就大功告成了！

可儿子就是不高兴单独睡觉！

其实小床距离大床也只有数尺之遥，说心里话，我也不想让儿子分床睡，我怕他晚上睡不宁，怕他会踢被子，怕他醒来找不见我会害怕，怕他不小心从小床上掉下来……

因为是第一天让儿子单独睡，我一直陪着儿子，和平日一样慢吞吞地唱着不知从哪儿学会的催眠曲。

眼睛小，要睡觉，妈妈坐在摇篮边，把摇篮摇——

摇啊，小宝宝，安安稳稳睡一觉——

今天睡得早，明天起得早，花园里边摘葡萄——

一般情况下，唱完一遍儿子的眼睛就闭上了，长长的睫毛，密云般盖在眼睛上，微微地上翘着，那份宁静、乖巧，让你不知如何疼他、爱他！

可那天晚上情况有些不对，儿子一声不响，两只小手合在一起，枕在小脸旁，因为不情愿，眼睛虽然紧紧闭上，但长长的睫毛快速地扑动着。

我只好停下催眠曲，不断地表扬他："典典是最勇敢的娃娃，长大了一定能当空军""典典是妈妈的乖儿子，小小年纪就自己睡"……谁知情况越发不对，儿子憋屈得小声哭了起来，我也慌了，整个身子罩到儿子身上，用脸去蹭他的小脸。

"哇！——"

儿子放声大哭，好委屈地说："妈妈，典典是妈妈的乖儿子，爸爸不是妈妈的乖儿子！爸爸不是妈妈的乖儿子呐！"

我不知怎么，泪花也充满双眼。是心疼儿子这么小就独自睡觉？是笑儿子的天真？他的爸爸则冲出房门，双手捂紧嘴巴，笑得气都喘不过来，又怕让儿子听到他的笑。

如此这般，儿子就真在四岁那天与我们分床睡了。

第四章

美丽的新家

MOTHER

22.♡ 新房子和橘子树

"抱我起来，妈妈！我指给你看，爸爸说我们就要搬到新房住啦！"

每次从家里走出院大门时，儿子总会让我抱起他来看即将落成的新房。

1984 年年初，我们终于有了一套带厨房、洗手间、阳台的单独的二室一厅的房子，尤其让人兴奋的是，房子还附带一个大大的后花园！来深圳拼搏几十年后，我依旧怀念那套老房子，怀念那时的居住环境，惋惜它的逝去。

院里给一楼住户每家种好了一棵当年就能结果的橘子树！我们忙碌了一整个夏天，在先生精心的设计、规划下，安静、宜居、温馨的花园初具规模。花园最靠近铁栏处，是左右两块花圃，中间一条水泥小道，左边有张水泥小桌子，右边有条水泥凳……

橘子树开花了，满树白花，晴天准会有小蜜蜂光顾，儿子准会高兴地唱。

　　小蜜蜂，嗡嗡嗡

　　飞到西来飞到东

　　一天到晚勤做工

"妈妈，小蜜蜂来过后，小橘子就长出来啦！你快来看！"

儿子会发现刚刚坐果的橘子，兴奋得眼睛发亮。

我们给橘子树松土、浇水、施肥，看着米粒大小的橘子一天天长大……

"啥时候能吃呀，妈妈？"

"再过些日子就行了！"

在无数次这样的对话之后，橘子慢慢长大、慢慢变红……儿子不知摸了多少回，不知问了多少次。

"再过几天，再过几天。"

那天早晨，先是隔壁家浩浩大声哭起来，接着各家的小孩子都哭了起来，原来，昨夜不知哪个缺德的人，挨家挨户把快要成熟的橘子统统摘光了!

孩子们等了盼了一个夏天和一个秋天的橘子就这样一夜之间不翼而飞了。真不知何人所为，如此可恨!

"妈妈，我长大了要当警察叔叔，抓小偷。他把我们的橘子都偷光啦!"儿子说。

23. ♡ 救救小鸡

我家养了两只鸡呀

大公鸡和大母鸡呀

公鸡叫我早早起呀

母鸡下蛋孵小鸡呀

也许是这首儿歌的缘故，儿子总缠着我要买小鸡。

"妈妈，给我买两只小鸡吧，我自己喂养它们。"

在儿子几次要求后，我答应给他买两只小鸡。

"妈妈，我自己选，我要一只小公鸡、一只小母鸡。"儿子又跳又蹦，高兴得不得了！

"妈妈，你提起小鸡的双脚，身子伸直的就是小公鸡，身子不伸直的就是小母鸡。"

儿子有模有样地把我平日里教他的小知识恰到好处地用上了，我感到心里甜滋滋的。可到了买鸡处，儿子看到满筐的小鸡，连手都不敢伸过去，紧紧抓着我的手说："妈妈，你帮我选！你帮我选。"我也没有挑选小鸡的真本事，只是照章办事地选了两只，我们用个大鞋盒装好小鸡，在鞋盒顶上扎几个小洞，鸡窝也就这样子了。

儿子每天上学前关好小鸡；放学归来第一件事就是把小鸡放到花园里。小鸡也怪，它们会紧紧地跟着儿子满院子跑。儿子会拿些米粒、菜叶喂它们，还会在院子里挖蚯蚓喂它们。

有一天，儿子爬上了铁栏杆，小鸡也跟到铁栏杆下。说时迟，那时快，当儿子突然从铁栏杆上跳下来时，他不偏不倚地落到一只可怜的小鸡身上！

"哇！"儿子大声哭起来。我赶忙跑出屋去，以为儿子摔跤了。

"妈妈，快救救小鸡！快救救小鸡！"我这才看见被踩到的小鸡！好可怕！

我自己也害怕去拿，这下儿子哭得更厉害了。

"妈妈，你快救救小鸡呀！它快死了！"我又有啥回天之术呢？无奈之下，我把小鸡放在水泥桌上，用一个脸盆盖上它，不停地揭开又盖上……这是我当"知青"时看见农民救受伤小鸡时用的办法，想来可能是那样能多给它点儿空气。儿子一直在哭，过了几分钟，小鸡还是死了。我们在花园里挖了个小坑，把小鸡埋在那里。儿子一直哭："对不起，小鸡，我不是故意的……"

儿子真的好善良！这让我颇感欣慰。

另一只小鸡也没养多久。之后，家里再也没养过小鸡。

24. ♡ 怎么分鸡蛋

长沙的夏天，别提有多热！午饭后我躺在水泥地上，好想睡觉，可儿子精力好得不得了，吵着要我讲故事。无奈之下，我想出一个缓兵之计，给儿子出了道算术题，说："你做好了，叫妈妈，妈妈给你讲故事。"

一个老太太提着一篮鸡蛋，碰到第一个人，卖给他全部鸡蛋的一半，送给他半个；

碰到第二个人，又卖给他全部鸡蛋的一半，送给他半个；

碰到第三个人，又卖给他全部鸡蛋的一半，送给他半个；

碰到第四个人，又卖给他全部鸡蛋的一半，送给他半个；鸡蛋卖完了！

　　请问老太太一共卖了几个鸡蛋？

　　"送半个鸡蛋不行呀！咔嚓，鸡蛋就破了呀！不能吃了呀！"儿子认真的态度让我的睡意少了几分。我赶紧起来，拿支粉笔，在地上画了个圆圈，又画一条横线，将这圆圈分为两半，"典典，这就是送半个鸡蛋呀。老太太卖给第四个人的就是这个鸡蛋了。"

　　儿子安静下来，他自己开始用粉笔在地上画圈圈，我则偷空睡了。

　　不知过了多久，儿子高兴地大声叫道，"妈妈，是 15 个鸡蛋！是 15 个鸡蛋！"

　　我被这突然袭来的答案弄醒，兴奋得头都大了，我完全想不到他真能算出这道题！这里边反复几次用到"一半"和"半个"的概念，一个刚 5 岁的孩子，还没上学，更没有给他讲过 1/2 的概念，他是如何算出来的呢？

"你看，妈妈！"儿子的一双眼睛兴奋得发亮，"这个人有 1 个吧，这个人就有 3 个。"儿子的脸上、手上和地上都是粉笔灰。地上好多擦了又画，画了又擦的圈圈。

"为什么呢？"这回轮到我问他平时说得最多的话——"为什么呢？"

"如果有 2 个，那她就不用送半个给他了呀！"

"4 个呢？"我又问。

"4 个，也不用送半个给他呀！"

我暗自惊喜，儿子完全懂得解决单、双数的问题！

那这个呢？我又问他。

"他有 7 个，一半比 3 个还多半个，还要多送半个呀。"

我知道儿子真的弄懂了，尽管他并不全懂！我激动得眼泪都快出来了！我抱着儿子一阵狂吻，然后把他的小花脸洗干净，把地也拖干净，两人躺在地上，我开始给他讲故事。

儿子为什么会不喜欢他后来的专业？他在数学方面应当说还是蛮有天分的呢。

25. ♡ 上小学啦

　　儿子4岁那年，幼儿园里中班超编，儿子提前一年进了大班。所以他刚5岁就大班毕业了。可研究院的子弟小学，最小也只能收6岁半的孩子。要命的是儿子就认准他毕业了的事实，无论如何也不肯再进幼儿园。

　　无奈，我只好找到附近的一所小学——岳南麓小学，我同学的姐姐在那儿当总辅导员。

　　这天，我带着儿子来到学校，教室里已有好些老师，儿子看到那么多陌生人，还是有些胆怯。

　　一位老师说："太小啦，明年再来吧。"

　　另一位老师问："你为什么要上学呀？"

　　"我要学好多好多本领，比孙悟空还有本领，就可以打九头妖怪啦！"

儿子红着脸兴奋地说。

"哈哈——太小了。明年吧。"又一位老师这样说，而这位老师是年级组长。

儿子入学的事就这样搁浅了！

回到家，他不肯好好吃饭，不肯好好睡觉，也不肯上幼儿园！一提起上不了学，他就哭！

我只好再次去求同学的姐姐！"让他再来试试吧。"得到这个消息，儿子开心得活蹦乱跳。

我一再给他强调说："不许再说打九头妖怪！"

我们再一次来到教室，其中一位老师认出了儿子，笑着说："可以打九头妖怪的小孙悟空又来啦！"

"不，我不是要打九头妖怪，我是要学好多好多的本领，要当科学家！！"

大家又一阵大笑。儿子有点不知所措。

"我会画画！"说着，儿子走到讲台上，拿起一支粉笔就开始画画。

他画了一栋楼房、一架飞机、半个太阳。

"太阳为什么只有半个？"一位老师笑着问。

"还有一半在地平线下，还没有冉冉升起来呀！"儿子很认真地答道。

"那，飞机为什么只有一边有翅膀？"又一位老师笑着问。

"这是主视图，它的那个翅膀让身子给挡住啦！"儿子红着脸，有点无奈。

"别问啦！别为难他啦，我表态，这孩子我收啦！""哈哈——"大家都笑了。

说话的是欧阳老师，她正巧是研究院里的家属，也是新生班的班主任。

"你会算算术吗？"欧阳老师说着，递给儿子一张纸，上边有 5 道题，儿子很快做完了其中的 4 道。

"妈妈，这题比 20 大呀，你没有教过我呀！"儿子真有点急了。

"不会，你就不做算了。"欧阳老师说。

"我会！"只见儿子放下手中的笔，举起左手，五个指头分开，用另一只小手去一个一个地往下压指头："22、21、20、19、18……妈妈，是18！对吗？"

"是18！"大家都笑了！我也笑了，多少有点心疼儿子。

"好啦！你被录取啦！"这回说话的是他们学校的教导主任。

我接过一张新生入学登记表，正要动笔写时，儿子凑到跟前，瞪着兴奋得发亮的双眼问："妈妈，现在考你了吧，是吗？"

"哈哈——"大家又都开心地笑了。

我终于办好了儿子的入学手续，领到新书后，就带着儿子回到了研究院。

刚一进院门，儿子就挣脱了我的手，径直朝他爸爸的办公楼跑去，一边跑一边高兴地叫着："爸爸，我上学了！我不用去幼儿园了！"

　　在此，我要好好感谢他的启蒙老师——欧阳义桃老师！她对这个小不点儿的学生，倾尽了母爱，教导儿子爱学习、爱知识、爱他人，让他受益无穷！

26. 第一篇作文

　　我叫古典，今年五岁，我爱学习。

　　爸爸爱我，妈妈爱我，我有一个幸福的家。

　　1984 年 9 月 1 日，儿子自己背上小书包，成了一名小学生。

27. ♡ 摔断小手

1985 年 5 月，我因六年前剖腹产手术失误，必须接受对一个女人来说最难接受又最无可奈何的手术——子宫全切手术。住院的日子里，典典每次都会跟着思明来看我，他每次到来，都会给我带来极大的慰藉和快乐。

"妈妈，我背书给你听。"他开始绘声绘色、有模有样地背诵他的课文。

"妈妈，我睡在你身边，我保证一定不碰到你的肚子。"儿子小心翼翼地紧贴着我睡下。

"妈妈，我好想你，亲我一下。"

"哈哈——"病房里的人都笑起来。我的眼泪都要流出来了，我的宝贝，你真成了妈妈的绝对唯一！我要千万遍祈祷，你一定要平平安安，不出任何差池，一定要长大成人。

"谁睡在这儿呀，在这儿可是要给打针的啊！"护士过来逗典典。

"他睡着了，"邻床女士说，"你看他一动不动呢。"

只见儿子双眼紧闭，小鼻子、小嘴巴使劲凑在一起，长长的睫毛快速地抖动着，所有的人都哈哈大笑起来。

护士刚一走，儿子顽皮地瞪大双眼："哈哈，我醒了。"

出院那天，是星期日，可典典没跟思明一起来接我。

"典典呢？"我问。

"他跟妈妈在家等你。"思明说。

一路上，思明问及我小时候练体操时摔断手的情况，我绝对没有想到，此时我的宝贝儿子已经摔断了小手！

回到家，第一眼看到可怜的儿子，右手打着石膏，用一条带子将小手挂在胸前，鼻子也受伤了。我哇的一声大哭起来，边哭边说："怎么回事啊！宝贝，才几天，你就成了这副样子？"

"不哭，妈妈，你不要哭，医生说，我不会变成残废！"

我哭得更加厉害，为了懂事的儿子，为了不可再有的唯一，还没有完全长好的伤口明显有痛感，我好不容易才止住哭。

原来，早几天的一个下午，儿子跑回教室时，摔到一条水泥沟渠上。直到上课时，欧阳老师才发现儿子的小手肿得厉害，已经变形了！

好样的老师，她立即抱着儿子，在校门口拦车将儿子送到医院。在那里，儿子又碰到一位好医生！儿子小手的两根骨头，尺骨、桡骨全断了，没有做定位的依据，那位医生冒着自己被 X 射线辐射的危险，在 X 光的照射下，认认真真、仔仔细细地帮儿子接好了两根骨头！

"他太乖，太像我侄儿，我心甘情愿这样做。"

当思明赶到医院，一再谢谢管医生时，他这样说。

"放心！不会有问题，接得很好！"

儿子真的乖得让人心疼！他用左手写字、左手吃饭，没落下任何功课。等小手完全恢复后，他又活蹦乱跳的了！

28. ♡ 偷钱

儿子就读的学校是一所郊区小学，校门口总有几位老太太，提着小篮向孩子出售些自制的黄瓜皮、红姜、韭菜叶……每份一二分钱，小孩子都喜欢买来吃。儿子说过几次，我怕那些小吃弄不干净，一直没给他买。

有一天给他洗衣服时，我发现他口袋里有块红姜，我问儿子："你口袋里怎么有块红姜？"

他支吾了几声，说："浩浩给我的。"

儿子不会说谎，他的支吾让我感到此事有问题。我估计是儿子自己买的，但钱是从哪儿来的呢？我想起了家里放零钱的"小孔雀"钱罐。

晚饭后，照例是带儿子散步、讲故事的时间。

"妈妈今天给你讲个少年犯的故事吧。"

"少年犯？什么是少年犯？"

"少年犯就是小偷呀！小时候先是偷爸妈的钱，出去买东西吃，爸妈不知道，他就越来越胆大，就去偷别人的钱，慢慢胆子更大了，再偷……就成了少年犯啦！少年犯就不许上学啦，被关起来啦……"

"妈妈，我错了！我拿了'小孔雀'里的钱！"儿子哭了，哭得好伤心，"我再也不拿了，我不要做少年犯！"

我赶紧把儿子搂到怀里，替他擦干眼泪。

"乖儿子，妈妈相信你，你知道错了，你一定会改好的，改好了，你还是妈妈的好儿子。"

这以后，我有意地把数好的零钱放在显眼的地方，但再没有丢失过一分钱！

儿子自己拿钱买东西吃的事，也再没发生过。

　　那只"小孔雀"现在还被保存在家里，连同它肚子里的钱，分文未动。

　　每次看到它，我都会想起那件小事。

29. ♡ 58 分的秘密

1984 年的冬天，长沙很冷。这天又下大雪了，地上、屋顶上，全都一片白茫茫的。

送儿子上学时他就说："妈妈，下午放学后，我们堆雪人吧，就在我们自己花园里，我用红萝卜做它的鼻子，用木炭做它的眼睛……"

我把他送到学校，目送他走进教室。没想到的是，儿子就在这个白天，玩起了堆雪人！

几天后的一个下午，儿子没有像往常一样，还在窗外就叫喊："妈妈，我回来啦！"

我隐隐约约听到窗外有个小小的声音，好像是儿子在哭！我赶忙打开房门，果真是儿子在哭！

"小朋友欺负你了？"他摇摇头。

"哪儿不舒服了？"他还是摇摇头。

"到底怎么了？妈妈都快急死啦！"

儿子不说话，两只小手不停地使劲擦着眼睛。我替他把书包放下，打好一盆热水，帮他洗脸。突然，他哇的一声大哭起来："妈妈，我错了！"

我丈二和尚摸不着头脑，只是一个劲儿地安慰他："别哭，告诉妈妈，出什么事了？"

他从书包里拿出一张试卷，是期末考试语文卷，竟然只有 58 分！

我的头嗡的一下大了！儿子怎么会考得这样差？这才刚进校门啊，难道是他太小，还需待在幼儿园？

我仔细地看了看试卷，只做了一半左右，还有一半完完全全连笔都没动！

我压着满心的疑惑，轻声地问他："你怎么只做一半呢？是不会做？"

他还是摇摇头，一脸可怜兮兮的样子，让你看一眼都心疼！

"告诉妈妈吧，别哭，妈妈不骂你！错了，咱们下次改，改好了，典典还是妈妈的乖儿子。"

他终于停下哭泣，描述他 58 分的秘密。

"考试时，老师说可以上洗手间，考呀考呀，我想上洗手间了，我一举手，老师就同意了。

"上完洗手间回来，我看见大树的洞里有好多雪呀！我就到树洞里掏雪，好多好多雪呀！我使劲地掏，使劲地掏……"

这时他眼泪又流了出来。

"我掏呀掏呀！就下课了！老师就不给做了。"

说到这时，儿子的哭声由小变大，再到失声痛哭，直到哭得有些抽搐！

我赶紧将儿子搂到怀里，一边轻轻地抚摸他的头、背，一边慢慢地告诉他上学和上幼儿园的区别，告诉他要做个好学生、上课要用心听老师讲课、下课一定要解好小便……

一直说到"我们带上数学、语文双百分，坐上火车到深圳见爸爸"时，儿子终于笑了！

他赶紧挣脱我的怀抱，笑着说："妈妈，我赶紧写作业，写完作业，我们就去堆雪人！！"

天哪！他居然还念念不忘堆雪人！

在学校读书的 16 年里，大型考试，这个 58 分可能是第一次，也是最后一次。

30.♡ 太阳公公早上好

大约有半年的时光，我天天带着儿子去爬岳麓山的后山。

看日出——叫太阳公公起床。

清晨不到 6 点，我会叫醒熟睡的儿子："典典！我们该去叫太阳公公起床啦！"

儿子揉揉眼睛，露出笑脸。这样的早晨儿子穿衣是不会闹别扭的，然后洗脸、刷牙。

刷牙就有些淘气了，他不会认真刷牙，但会认真喷水！

一大杯水在他那小嘴里会咕咕哝哝几下，很快就干干净净了。

水呢，一次比一次喷得高、喷得远，全喷到洗手间的墙上。

有时为了喷得更高，也会喷到自己的头上、身上。

但只要你说："今天不去了。"他准会立马停下来。

满嘴唇的牙膏泡沫，他迅速用小手抹得满脸都是，露出一排整齐的乳牙，把脸伸给我："妈妈，抹香香！"

我只好重新给他洗脸，抹香香。

有一种叫"百雀灵"的蓝色小盒护肤霜，儿子很喜欢将它放在自己的围裙衣口袋里，我曾打趣地跟思明说："儿子长大后该不会像宝玉一样，怜香惜玉吧……"

出院门，过一条马路，就踏上了登山的小路。先要经过一个大池塘，然后经过一排排农民的住宅，再经过一大片养鱼塘，就可以登山了！

一户农家门口有一棵高大的柚子树。其实，我自己也很少见到这种树。儿子每次路过那儿总有些话说。

"这是大橘子树吗？"

"不是，它叫柚子树。"

"它这么高，农民伯伯让孙悟空的小猴子来帮忙才能摘下来吧？"

"不是，他们会用长杆子打下来啊。"其实，我也不太清楚，只好猜想着告诉他。

"我长大了就开飞机，帮农民伯伯摘，好吗？"

"好啊！"

一路上，小嘴从不肯停，分分秒秒冒出"为什么"。

但最让我小心翼翼、绝不敢半点马虎的是过那片鱼塘！

那里的路只有一米多宽，顺弯就势，两边都

是水！我牵着儿子的小手，不让他随意跑动，但他时刻都想挣脱我的手跑到前面去。我真是提心吊胆啊！

走完这段路，就正式登山了！

山路其实是大家踩出来的，两边都是小树丛，往上不远就是一大片橘树林。橘子熟了，红通通地挂满枝头，让人垂涎。

儿子很乖，他从不要去摘橘子，但小嘴却不停地表扬自己："典典乖，典典是妈妈的乖儿子，不摘农民伯伯的橘子，没有人看见也不摘，好想吃也不摘，对吗？妈妈？"

让人忍俊不禁！我当然不断地附和他、表扬他，偷着乐、心脾甜彻！

儿子身体灵活，体能又好，一直跑在我的前面，咯咯地笑，不时会回头叫喊：妈妈加油！妈妈加油！

要爬四五十分钟才能爬到山顶。群山怀抱，小树丛的叶子上湿淋淋的，可能是霜露。空气清新得醉人，稍稍带着甜味。

寒气不小，但我们却汗流浃背！好不痛快！

还没来得及喘口气，儿子就对着山谷大声喊了起来：

太阳公公早上好！早上好！

娇嫩清脆的童声在山谷中回荡，这是世界上最美好的乐章啊！

每当回声传来，儿子会高兴得直蹦跳！他不是双脚齐跳，而是两只脚快速交替地变化着跳，看上去就像会跌倒一样！这让我又担心又好笑！那般得意忘形的样子，真可谓开笼放雀啊！

突然，儿子停下来，认真地问道："妈妈，还有谁跟我一起问'太阳公公早上好'呀？"

"没有呀，那是回音。"

"回音？"儿子双眼圆睁，"什么是回音？它是从哪儿来的？"

他脸上的笑容没了，只留下不解和好奇："什么是回音呀？为什么我平时大声叫喊时没有回音？"

一串串的"为什么"从儿子嘴里冒出，我一下子也不知如何对一个五六岁的孩子准确地解释什么是回音。

"声音在传播时，碰到挡住它的东西，就会折回来。现在这儿很安静，山又就在前面，你再喊一遍，慢慢地，用心听。"

"太——阳——公——公——早上好——早上好——"

儿子这回又笑了，笑得有点狡猾、淘气。

他往前跑了几步，大喊了一声："太阳公公早上好！"转过身直朝着我跑，跑到跟前将他的头使劲撞在我的肚子上，差点将我撞倒！

他却咯咯地笑着，抬起小脑袋说："妈妈，我这样也是做回音吧？"

多么美好的日子啊！数十年过去了，那情、那景留在我的记忆中，好甜，好甜……

在我这一辈子的日子里，还有机会、有可能携带着我儿子的孩子，居住在最接近大自然的地方，让他们也像他们的爸爸一样，天天早晨去问"太阳公公早上好"吗？

我期盼着。

第五章

举家搬到深圳

MOTHER

31. ♡ 初到深圳

1985 年 9 月，思明调到深圳，临走前院长说："你是调出去的人员中，唯一我愿意替你保留一年名额的同志，不好，欢迎你随时回来！"

人说起来真是奇怪，平时他常年出差在外，也不觉得有什么，当他真的离开研究院，我和典典就像断线的风筝一样，多少有些失落感。那时我已被借调在院五室画图，儿子在岳南麓小学上二年级，每天放学，儿子都会骑着一辆小三轮车，沿着稍有坡度的大路直冲而下，用两只小脚擦着地面，刹车，嚓——停在我跟前。

"妈妈，我接你回家！"惹得大伙一阵欢笑。

儿子能写作文了，他的第一篇作文被老师当作范文在班上读，儿子蛮高兴。

我叫古典，今年五岁，我爱学习。爸爸爱我，妈妈爱我，我有一个幸福的家。

每天晚上，检查完儿子的作业，就让儿子上床睡觉。睡觉前，一定要给他讲个故事。不知哪天给他讲过这样一个故事：

有一个聪慧的孩子，看见柜子底下有双脚，知道家里来了小偷，吵着要出去玩，结果叫来邻居抓到了小偷。

从那以后，每次让他上床睡觉，他一定要再次爬起来，严肃、认真地说："妈妈，让我看看，床下有没有脚脚。"

真是说者无心，听者有意。他的话让我汗毛倒立，大气都不敢出！我妈妈已经回她自己家了，我原本就怕黑、怕小偷……儿子一边认真地四处瞧，嘴里还一直唠叨着："别怕，妈妈，有我呢！"一个五六岁的娃，他能有啥用呢？我只好一再哄他："早早睡觉，明天早早起来上学校。"

"妈妈，我给爸爸写封信吧，我想爸爸！"

他又一次爬起来给他爸爸写信。

爸爸，你好！我好想你！你快点回来！

念意犹浓，他又开始作画。他画了一列火车，喷着浓烟，车厢里坐着个小孩子——

"妈妈，这就是我！"

他在画的下沿写了一行字："火车火车快快跑，快把爸爸接回来。"这封信，他老爸一直保留着，只可惜当初是用铅笔写的、画的，图案和字迹都褪色了，淡得几乎看不清楚了。

12月，我带着儿子到深圳探亲。经理知道我能画机械图，就跟我们商量，让我帮忙画半个月的图，给我发一个月工资，再让思明陪我们玩半个月。我们欣然同意了，可上了两天班后，经理给我一份商调函——你来我们公司吧！就这样，儿子第四天又跟着我回长沙办手续，陪儿子玩也化为乌有了。

儿子转学也十分顺畅，凭着这样一份学生情况通知书。

政治：优秀

语文：95　96　97

算术：98　100　98

科常：95　95　97

你爱集体，关心同学，尊敬师长，爱劳动，有礼貌，学习很认真，好动脑，能积极思考问题，喜欢看课外书，学习能力和口头表达能力较强，有良好的学习习惯，学习成绩好，诚实，文明行为好。

希望你写好字，努力锻炼好身体，争取更大的进步。

校三好学生

好笑的是，儿子老爸却是研究院数千人之中，因能写字、写得一手好字而颇有名气的！真可谓"其父虽善游，其子岂遽善游哉？"

其子真的"不善游"矣！

到深圳的第一个住处，是公司招待所的顶楼。五户人家共用一个水管、一间洗手间。我们住的房子十多平方米，只放得下一张双人床，我们在床的一边加了一块木板，三人得以横着睡。房间光照充足，太阳从清晨一直晒到晚上七八点，尽管太阳下山了，仍然热得无法进房睡觉，墙上的壁虎肆无忌惮……与长沙有花园的二居室相比，真可谓"换了人间"！

但这一切与儿子和他的小猫相比，根本算不了什么！

招待所由两栋五层楼房组成，两栋楼房的楼顶间相隔一米多宽。楼顶上覆有隔热层，年久失修，大多破损，人在上边走得格外小心。

有只野猫在楼顶的边缘处生了一窝小猫，儿子一回家，一定会登到楼顶，趴在楼沿边，伸出脑袋去探、伸出小手去抓小猫。不少人看到这情景告知我"太可怕！万一摔下去……"于是，儿子抓小猫、老爸抓儿子的把戏一再上演！无奈的我只有掉眼泪……

忙，几乎是生活的全部内容！

我和典典的爸爸都没时间回家吃午饭时，儿子会自己捧着饭盒到食堂打饭；晚上八九点了，我们俩都还没有赶回来做饭，儿子饿急了，就自己用电饭煲煲饭，可他不知道要放水，几乎将米爆成米花……

庆幸的是，不久，我们搬离了招待所。那时儿子不到 7 岁，要自己挤七八站公交车才能到学校上课。没有人接送。儿子的胸前挂着一把钥匙、一张公交月票卡，我们在月票卡背面写上了家庭地址和单位电话，以备儿子迷路时问路。

有一天儿子真的坐错了车，发现自己到了一个从没去过的地方。儿子没有哭，他有礼貌地向一位老人问了路，自己又返回教室，爸爸这才找到没有吃午餐的儿子……

不过，我们还是挺过来了。

我们的的确确怠慢了你啊，儿子！在这里请允许爸爸、妈妈说一声：儿子，爸爸妈妈对不起你！

　　深圳市政府门口有一个"开荒牛"雕像，现在年轻人开玩笑说，这是要保佑股市一直牛。

　　其实，当年第一批来深圳打拼的人都懂这种"开荒牛"精神，我们哪个不是这样的？

32.♡ 鼻子的伤

　　事情发生在儿子上小学三年级那年，他已在深圳读小学。

　　据说是下课时，几位小朋友在练跳远的沙坑边玩一把铲子，可怜的儿子不知被哪个孩子误伤到鼻子。居然是鼻子，这根全身206块骨头中唯一不可能断裂后复原的！！而且它离眼睛何等的近啊！让人一想起来就害怕。所幸，可怜的儿子只是鼻梁外伤！

　　儿子流了好多血，当时哭成啥样子，谁也不知道！等到学校通知我们时，儿子的伤口已经处理完毕。老师留给我五元钱，说是还得换几次药，我把钱退还给了老师，只要求老师能在班上重点强调一下，危险的东西千万不要拿，更不可以拿来打闹、玩耍。

第二次换药时，我换了一家医院，遇到一位做医生的朋友，她说如果出事当天能缝一针，儿子鼻子上就不会出现现在的痕迹。她的话真的让我至今都心痛、内疚不已。

为什么我当天没有带儿子去另一家医院？我真的无能、无知、懦弱，我没有保护好我的儿子！千虑终有一失啊，而这一失，让我终身都后悔。

经过三次换药，儿子的鼻子慢慢恢复好了，只是那条十分明显的痕迹是我永久的痛，因为它至今仍旧清晰可见！

33.♡ 两次升学考

儿子的小学六年级是在深圳中学以初一替代的，那是个实验班，初中要读四年。

发榜那天，我特意给儿子穿了一件短袖白衬衫，系了一条鲜艳的红领巾，牵着他的小手径直赶到深圳中学。学校把全部新生的名字写在一张红纸上，贴在墙上，好像有 6 个班，300 多个学生。我想，要在这么多名字中找到儿子的名字，还真有点费劲。

是儿子的年龄小，还是他的名字笔画较少？他的名字就排在最上面一行，一眼就能看到，我着实兴奋了一阵！

"妈妈，有我的名字吗？我考上了吗？"儿子连蹦带跳地昂着头喊。

突然他举起双手："妈妈，抱我起来看看！"

"哇！这么小就上初中？没搞错吧！"人群中不知谁笑着说。儿子有些羞涩地低下头。

"有，有你的名字，你看，最上边那里有你的名字。"我指着最上面那一行说。

"妈妈，你抱我起来，让我看清楚些。"

我抱起他来，让他清清楚楚地看到自己的名字，又顺势抱着他转了两圈，母子俩高兴得不亦乐乎！

深圳中学是深圳市最好的学校，凭着儿子对学习的兴趣，借助他五年级参加"我和特区一起长大"作文比赛拿到全国沿海少儿作文三等奖，他终于成了深圳中学的一名新生，开始了他的初中生生涯！

回家的路上，儿子说了不少的话，说得最多的是"我要告诉爸爸，我考上深圳中学了，我一定要做个最好的学生"。

1989年下学期的一张成绩单，应是儿子小学最后的成绩，我们给他保存下来了。

语文：90　数学：85.4　外语：89　地理：86

历史：70　体育：76

1993 年 7 月 11 日，儿子初中毕业。这次没有了老师的评语，但毕业证后面有他的成绩。

政治：78　语文：86　数学：90　外语：91

物理：91　化学：93　生物：88　体育：77

最让我不能忘记的，是他的体育 77 分！

初中四年，儿子各科成绩优异，但体育却只有 37 分。最后一学期的最后一次家长会，老师说："全部成绩都公布在外边的黑板上，请家长自己对号入座：80 名以内有把握，100 名以内有希望。"

天哪！儿子的成绩正巧是 100 名以内，但老师又明确地告诉我们说："成绩再好，体育不及格，学校是不可能录取的！"

儿子说："妈妈，相信我，我一定考取自己理想的学校！"

就这样，儿子几乎用了一整个学期的时间，天天放学后就去操场跑步，去操场练习投掷实心球，下了晚自习又去跑步，一圈又一圈……

最后，他靠自己的毅力，终于将体育成绩提高到 77 分，他也是那年我们集团公司里唯一没让父母花 3 万元送进学校的孩子，他让我们好开心，好欣慰！

在电话里知道被深圳中学录取的那一瞬间，儿子从床上跳起来，对爸爸说："给奖励！给奖励！"

什么奖励？父子俩啥时候有这样的约定？

老爸已经笑开了花，说："给！给！能问你打算如何用这笔钱吗？"

"送 1000 元给学校，谢谢学校培养了我 4 年；

用 1000 元买部单车，上高中了，我可以骑车上学了；还有 1000 元，我要去趟张家界。"

"好！一言为定！"

10 岁，儿子考入他自己喜欢的初中；14 岁那年，他考进了自己向往的高中。儿子取得这样的成绩，有大家的助力，更是因为他自己努力。儿子是能为自己热爱的事情努力的人。

34. ♡ 罚坐讲台上

儿子初中一年级时，他班上一位女同学住在我们家对面，这天，她急匆匆地跑来告诉我一个消息，说我儿子被老师罚坐在讲台上一周！

"为什么？"

"下课时他跟其他同学打闹，老师说不允许下课打闹。"

"是典典带头起哄打闹的？"

"不是，是另外一位同学，但老师没有看见他。"

我立即请假前往儿子学校。老师罚典典一个人坐在讲台上听课，我知道这次惹祸不小！那位惩罚典典的老师在上课，他的语文老师接待了我。她说典典是个好孩子，年龄小了些，好动，新来的老师也是个年轻人，希望自己带的班能一切优秀，她也说让儿子坐在讲台上会对孩子有较大的心理影响。

一直等到那位老师下课回来，我说明来意，请求她进一步了解事情的全过程，要求她让儿子回到原位上课。

她竟然一口咬定："我说过要坐一周，就要坐一周！不然，我的威信就会没有了！这次放松了，下次他会更加厉害，这个班怎么能带好？"

我无言以对，她不是以教育好学生为目的，而是以树立自己的威信为前提。回家的路上，我反复思考，如果去找教导主任，老师受到批评也许会给儿子难堪，情况不是更坏吗？我想也就一周，很快就会过去的，忍忍吧。

过了几天，我看儿子的日记。他居然画了一幅画！砰、砰、砰 —— 一串子弹飞射到一个头像上，下边有一排字：作为老师，你如此不尊重人，让人如何尊重你？

天哪！我这才感到事情的严重性远超出我的想象，远不是我想的那么简单！儿子还不到 11 岁！儿子的心态没有我估量的那么成熟、那么不在乎任何事情！

从此，儿子只要上那位老师的课，准会歪着头、不理不睬，故意不听她的课，随之，那科成绩直线下降。

我和思明商量是否给儿子转学，离开这所好不容易才考取的学校，离开这位给他留下心理阴影的老师。

多方咨询、查问之后，喜闻他原来的那科老师会在初二回到班里，我们专程去拜访了她，告诉了她事情的前因后果及儿子当前的情况。

"千万别转学！典典是个好孩子，你们不要急，下学期，我会回他们班。"

就这样，我们留了下来，第三学期开始，儿子的那科成绩又如乘火箭一样直线提升了，真的要感谢这位好老师——郭佳!

　　一位老师的言行举止,会对学生的成长有多大的影响,我不好加以评说,但我从儿子的成长经历可见一斑。只希望那位要在孩子们心里树立威信的老师,经过岁月的磨砺,能真正在孩子们心中树立起威信!

35. ♡ 一根铁杆

儿子读初四那年（他读的是小学 5 年、初中 4 年的实验班），发生了一件让人十分后怕的事，尽管完全无意，但大意失荆州！

不知是谁在何处弄到一根折叠椅子上的铁杆，下课后，那根铁杆被同学们拿着你传我、我传他，最后传到儿子手中，儿子竟然信手将它搁在窗台上。

他当时 14 岁，没有想过楼下就是人行通道，这杆子一旦掉下去，会有啥后果。正如墨菲定律所说，"凡事只要可能出错，就会出错"。最糟糕的结果发生了。第二节课后的课间操时间，另一位同学在不知情的情况下，推开了窗户，那根铁杆从四楼掉下去，打在一位女同学头上！

学校当即送女孩子到医院做脑部 CT，谢天谢地并无大碍！我们知道情况后立即请假，买些水果赶到女孩子家，并送去了做 CT 的 500 元钱，那几乎是我一个月的工资。

那个女孩的父亲是另一所学校的副校长，听我们讲清楚事情的全部经过，看到我们一再诚恳地赔礼道歉，他心平气和地原谅了我们，原谅了好动的典典。

原以为这事就这样平息了，想不到又掀起了更大的风波。学校要在全校师生大会上点名口头警告儿子！后来我们才知道，儿子的班主任在会议上极力反对，他一再强调说："古典是个好孩子，他决非故意顽皮、捣蛋！我以几十年教龄老师的身份保证：我说的话是事实！"

就这样，大会上只说了这件事的经过，没有提到儿子的名字。好感谢这位好老师——钟锦松老师。

这个世界上还是好人多！

36. ♡ 剃个大光头

儿子上初中时，就开始喜欢留长发，是因为学校里的男孩子都有这偏好？还是因为儿子很小的时候我喜欢把他打扮成女孩子？

但学校极力反对男孩子留长发。那天，班里传达学校规定，男生不得留长发进教室！学校门口的小小理发店排起了长龙，大家都争先恐后地去理发。

好不容易轮到儿子了。

"请帮我剃个光头！"

"剃个光头？！"师傅反问道。

"是的，剃个光头！"儿子斩钉截铁地回答，"但前面这一小撮毛请一定帮我留下。"

"哈哈！"理发店里个个笑开了，师傅也真不错，真按儿子的要求给儿子剃了个光头，留了一撮毛！

几分钟后，从理发店出来的儿子已是个光头小子，脑袋瓜子前留有一小撮毛，让人看一眼就会发笑！

"为什么你要弄成这样呢？"

"如果老师再有意见，我就当着他的面，一根根拔下来……"

估计老师也没有穷追不舍，因为他看上去是个光头了，只是脑袋瓜子前留的那一撮毛让人哭笑不得！

儿子我行我素的性格，"任凭风浪起，稳坐钓鱼台"的个性，在他十一二岁时就初露锋芒，初显端倪了。

MOTHER

第六章

写给成年的你

37. ♡ 大学毕业后给儿子的信

亲爱的儿子：

再过几个月，你就 22 周岁了。如果说十七八岁是花季雨季，那你现在真正步入了你生命里最阳光灿烂的季节，妈妈祝福你！

去年，你以优良的成绩从湖南大学毕业归来，又像回归家门一样，轻而易举地走上了工作岗位。

五个月后，你嫌工作单调、枯燥、无所可学，又像放弃一次观看电影的机会一样轻而易举地放弃了你的工作。理由是：你选择了出国，要留在家里攻读英语。

可是打算去哪个国家？想读哪所学院？攻读什么专业？连你自己都说不清楚，都没有仔细想过。但有一点你却清楚，这就是你出国的目的——为了不受我们的干扰，让女友过上舒适、富有的生活！

作为女性，我鄙视男人英雄气短，儿女情长；作为母亲，我深感痛心、自责！什么时候，哪个环节，我没有尽到一个母亲的职责，让一个好端端的儿子变得如此低迷、消沉、胸无大志？

也许在你的成长过程中，我只是尽自己所能给你提供物质需求的保障，而忽略了对你理想、道德、情操的培养？

儿子，你出生时，妈妈正巧赶上最后一班车接受高等教育——读电大。

拥有 10 年知青资历的母亲，32 岁才与唯一的儿子见面，那种兴奋、喜悦的劲头是没有语言可以表达的！！

我真恨不得分分秒秒将你搂在怀里，亲你，吻你！可我不行，我要读书！

一台九英寸的电视机，一直与你争夺我的时间和精力，而几乎每次出现冲突的时候，我都会无条件地委屈你，让你迁就电视机。

为了学习，我只能尽量少抱你，而你爱哭，那一声声带着乞求的哭泣声撕裂着妈妈的心啊，我常常陪着你哭！

可我要学习呀，我要追回逝去的、失落了的青春，圆我的求学梦！

你稍稍大一点儿的时候，会为了要我抱，使劲地哭。我则将被子叠成一条防护带，阻止你爬出床外，依旧是守着电视机。多少次你哭累了，睡着了，妈妈才流着泪心痛地将你小脸上的分不清是泪水、汗水还是鼻涕的东西给弄干净。

我心里一万遍地对你说：儿子，妈妈对不起你！！

半岁那年，你老是生病，常常一连数周高烧

不退，血色素只有 7 克左右，医院一再怀疑你患了"地中海贫血"。

妈妈这才放弃上课，放弃学习，天天以泪洗面，几近疯狂地求医问药，我宁愿把你的一切疾苦都让我来承受，你太小！你太需要健康地活下去……

妈妈的成绩单出现了红字。我坐在床边流泪，你跑进来，扑到我怀里，从围兜的小口袋里掏出小手帕，帮我擦眼泪。

儿子，你可曾知道，你的真诚、可爱，对妈妈的体贴，与妈妈心心相印的情景，这么多年以来一直是妈妈心中痛并快乐着、苦着却又甜着的回忆啊！

儿子，你是妈妈的慰藉、你是妈妈的骄傲啊！！

妈妈常想，妈妈坎坷半生，不堪回首，如果说命运之神真的曾不公平地对待过妈妈，那它给了我一个你这样的好儿子，已经完完全全给了我足够好的补偿！有了你，妈妈要一千遍一万遍地感谢命运之神！！有了你，妈妈深感足矣！！

可是，为什么十几年后的今天，我俩的心会离得这么远，这么远不可及，变得如此陌生？

1985 年，我们举家来到深圳。我和你父亲都属于那种将事业、工作放在首位的人，一旦着手某项工作，都会竭尽全力将工作做到尽可能好。何况深圳是块人才济济的热土！

我和你父亲都一头栽进自己的工作，我们的的确确怠慢了你啊，儿子！

在这里请允许妈妈说一声：儿子，妈妈对不起你！！

那年你不到 7 岁，却要自己挤七八站公共汽车到学校上课，没有人送你、接你。

你胸前挂着一把钥匙、一张月票卡，月票卡的背面写着我们的家庭地址、单位电话，以备你迷路时问人。

有时，我们午餐时间都回不了家，你会自己捧着饭盒到食堂打饭，你会告诉阿姨："打多多的肉就好了，我不要青菜。"让阿姨们心疼地笑你！

有一次，晚上8点多了，我和你爸都没有赶回家做饭，你饿急了，就自己用电饭煲煲饭，可你不知道要放水，几乎将米爆成米花。

不过，我们还是挺过来了！！

10岁那年，你以优异的成绩考入深圳市最好的中学——深圳中学，在那里读了整整7年。

忘不了你14岁那年，因为胖，体育成绩只有37分。为了减肥，为了体育必须及格，你常常饿着肚子跑步，一圈，两圈，三圈……你硬是奇迹般地将体育成绩拼到了77分，你有自己明确的目标——

要考进深圳中学！你用自己的汗水证实了你的能力，你要做到的，你一定能做到！！

　　尽管体育成绩还是将总分拖下10多分，但你凭着物理竞赛全国三等奖，凭着化学考试几乎满分的成绩，凭自己的实力考进了深圳中学！

　　为此，你着实让放弃官职也要保住你的父亲美美地兴奋了一番，让妈妈深感骄傲、深感欣慰——值！！

　　高三那年，一次家长会后，你的班主任老师特意跟我谈话，要我阻止你和××、×××交往。

　　可不知何故，你却偏偏与他们交往很深，我没有花时间与你沟通，没有详细了解你的想法，而是偏听偏信地按老师的意见干预你与他们交往。

　　现在回忆起来，这也许是我们之间分歧的开始，但我至今都不明白，你为什么会这样，老师为什么会那样。

在你高考选择专业时，父母的确给你施加了压力，让你选择了你压根儿不喜欢的土木专业而放弃了你喜欢的工业设计专业。

这也许是我和你爸对你的最大不尊重，让你感到父母对你缺乏爱，没有支持和理解，只有压力，只有让你服从！！

就这样，从你进入大学开始，尽管每个假期我都像盼星星盼月亮一样盼着你假期归来，可你每次回家都没有给家里一些活动时间，没有给我们一点说话的机会。渐渐地，家成了你的招待所，你除了在这儿吃饭、睡觉，家再没有与你有太多的联系。

你读大学的 4 年中，我只收到过两次你的成绩单，我们几乎没有过一次推心置腹的交谈，我们的心离得越来越远。好几次看着你离家的背影，我一个人站在阳台上，泪像断了线的珠子般滑落，直到怕人听到我强忍不住的号哭声。

虽然多少有些无奈，但我们从没丧失对你的信任。我们彼此没有交流、没有了解，只有你已成年的事实，只有对你优秀本质的确信！

我们深信自己的儿子无论如何也差不到哪里去！我们相信你的一切都会尽如人意地发展。

我只是反复交代你，如果你有了女朋友，一定要告诉父母。你答应了，但你却没有做到。

我深信你会在开始恋爱时告诉父母，直到有一天，朋友们嘲笑我说："儿子与女友的关系都定下来了，你还被蒙在鼓里？你这个妈咋做的？"

是啊！我痛心地反问自己：我这个妈咋做的呢？

这也许是我们家最大的不幸啊，儿子，你处理你人生中最大的事时，完完全全没有想到过，世界上还有你的父母这一对给你带来生命、带来一切的人。

这一对时时刻刻都愿意无条件以金钱、幸福乃至生命换取你幸福的人，他们是你最该信任的人、最该征求意见的人。在爱情的园地里，父母是你同一条战线的战友，不是你的敌人！

正当你该挥臂上阵拼搏一番之时，正当事业起步时，你却迷迷糊糊、晕头转向地卷入情爱的旋涡无力自拔。

你强调生命可贵，爱情无价！但在你情感的天平上，事业、亲情的砝码就那么轻，轻得可以忽略不计吗？

你将自己的一切建立在给女友创造美好生活条件的基础上，这想法真的很正确？这基础可靠吗？就算这动力能让你克服困难取得成绩，而你又将你的女友放在哪个社会位置上呢？儿子，记住：女人不是男人的附属品，不是你的圈养对象，她该有她自己的事业，通过她自己的拼搏进取获得成功。

如果她是一个有志的青年，她会唾弃你胸无大志，只是一个男人，她时时刻刻都有可能离你而去，去追求有理想、有抱负的青年；如果她跟你一样，只求小两口儿安安逸逸、卿卿我我，这种女友又为何求之呢？

党、国家、父母、老师辛辛苦苦培养了你，你受过正规高等教育、有一技之长，竟然连一丁点儿回馈国家、社会、父母、老师、亲朋的念头都没有吗？

将自己的求学、就业以及前程完完全全寄托在对一位女友的情感上，你真的不觉得太无力、太苍白、太荒唐了吗？

多少次，你的言语让我和你父亲痛心疾首；多少次，我们也检点自己、扪心自问，我们到底错在哪里了呢？我们应该如何改进，才能与你拥有共同语言，才能真正彼此理解与沟通？

你是妈妈唯一的儿子。由于出生时代的差异，我俩的人生之路走得全然不同——你的路撒满了鲜花，而妈妈的路却布满了荆棘，妈妈一辈子最爱读书，一辈子最大的遗憾是没能接受正规的高等教育。

就因为这一点，当你还在妈妈肚子里时，你爸爸将我俩一起送进了教室。试想，伴着你的到来，妈妈要克服多少困难才能以优秀的成绩毕业，并凭着这张不起眼的文凭闯深圳，过职称关、外语关、出国引进设备关，并在单位年年获得先进工作者的称号。你爸爸一辈子从事机电研究工作，来深圳后改做技术管理，可他凭着过硬的国家级、部级的科研成果奖，成为深圳市首批高工、首批高工评委。如果说身教重于言教，儿子呀，父母一辈子以工作、事业、学习为重，以报效祖国、回馈社会为重，为什么这对你没有一点儿潜移默化的影响和感染呢？

你常说代沟让我们无法交流，无法相提并论，可你们这一代有多少出类拔萃的优秀人才在科学、文学、艺术、体育等方方面面，做出或正在做出自己的贡献呢？你为何不以他们为你的榜样、寻找与他们之间的差距，努力迎头赶上呢？

当然，妈妈也许对你要求太高了，你也有不少可贵的优点，你从小聪明、好学、成绩优秀，你热心集体事、对人诚恳、富有同情心，对于需要帮助的人，你总是竭尽全力地给予帮助……

这些都曾让妈妈感到欣慰，妈妈希望你能继续发扬这些优点，树立远大的理想，更加努力地完善自己，做个心怀壮志的好青年！

亲爱的典典，妈妈的好儿子，22 岁的年华，喷薄欲出的太阳啊，人生之中最可贵的年华！！你真该以秒计时呵，因为分分秒秒对你都太重要了！将时间用于学习吧，努力学好英语。父母会尽力支持你出国深造，只希望你能学有所成，希望你树立报效祖国、报效社会的理想，认认真真地学，脚踏实地地学！

将时间用于工作吧，如果说你不想走出国门，不想继续深造，那就尽快走出家门、走进社会、走上工作岗位，虚心求教、认真做人，做个对社会、对人类有用的平凡人。在自己的有生之年，留给祖国、社会、人类哪怕是一星半点儿有用的东西！！

请记住：儿子，别依赖眼前的温饱、别眷恋儿女情长的甜蜜，活着的人只有在太多太苦的付出之后，才有可能有太多太甜的收获！！走出家门吧，儿子，拿出你的聪明才智、勇敢和激情，天下没有克服不了的困难，最难对付的是你自己的信心、决心、悟性！！

不要嫌妈妈唠唠叨叨，不要认为妈妈是你爱情园地里的绊脚石。海阔凭鱼跃，天高任鸟飞。跃吧，飞吧！儿子。

请你记住：任何时候、任何地点，只要你遇到困难，请你首先想到家，想到你的父母，他们就站在你的身后，关注着你，支持着你，祝福着你，永远永远……

夜深了，不知你又与哪位小伙伴玩到现在还没有回家来，明天你又会沉沉地睡到中午时光。

你如此漫不经心地虚掷着岁月，让妈妈好寒心，好寒心！今年的冬天深圳较冷，可你的一些想法、做法更让妈妈痛彻心脾、寒不可当！

妈妈好想与你沟通，好想与你有哪怕一次长长

的、朋友般的、推心置腹的交谈，你能给妈妈这个
机会吗？妈妈期盼着……

祝好！

妈妈

后记

九年的时光过去了，儿子定居北京，有了他的
另一半，正在"做个对社会、对人类有用的平凡人。
在自己的有生之年，留给祖国、社会、人类哪怕是
一星半点儿有用的东西"。

我心安了。

38. ♡ 给 30 岁的儿子的信

亲爱的典典：

今天你 30 岁了！好快呵，似箭光阴！你都到了而立之年。闭眼回忆，你儿时的点点滴滴，就像发生在昨天的事情一样。

你从小就懂得爱的回报。8 岁那年，你得知外婆病了，自己跑到邮局买了张汇款单，在空白处，你用稚嫩的文笔写道：

外婆

听说你生病，这是我辛辛苦苦攒的钱，全部寄给你，你好好养病，我好想你。

10 岁那年，你以优异的成绩考进深圳最好的中学实验班。

还记得你 12 岁那年的生日吗？

妈妈出差不在家，爸爸通宵加班，你自己约了小伙伴在家给自己过生日。

你爸给你们买了几斤果冻塞进冰箱，而你自己决定去买几斤田螺。

你很得意地告诉爸爸："我会跟卖田螺的阿姨还价啦，阿姨说'8 角一斤'，我说'7 角 9 分一斤，行不？'，阿姨说'好'。"

田螺煮熟与否不可知之，但小伙伴个个吃得开心。小伙伴来了好多，进不了屋的只能站在楼梯上等着吃……

初中四年，你各科成绩优异，体育却只有 37 分。

你几乎用了一整个学期的时间，天天放学后就去操场跑步，下了晚自习也去跑步，直到把体育成绩提高到 77 分！

14 岁那年，你实现了自己人生的第一个目标，凭自己的实力考取了自己想上的学校，深圳最好的中学！

3 年后，你以超出当年重点本科线 57 分的成绩，考入湖南大学土木系学习。

也许你真的不喜欢这个专业，是我们替你做主，让你选了这个专业，但你当初自己也并没有确切的真正感兴趣的专业啊！

大二，18 岁那年，你骑自行车从长沙到北京，你说那是你想完成的事。我们没有阻拦你，你完成了，完成得相当艰苦，但也相当漂亮！

毕业之后，你在自己的专业岗位上仅仅工作了半年，就放弃了未拿的工资、奖金，毅然决然地离开单位，到新东方学习。

考 GRE 的过程中，你说，记单词太苦、太累、效率太低！你决心想办法解决这个令人头痛的问题，让记单词变得快乐、轻松、高效！

你关门闭户、成天趴在电脑旁。半年之后，你又去了新东方，你像校长当年创办学校一样，自己发传单、自己招学生。

你终于如愿成了新东方的老师，一年后又成了新东方优秀培训老师。

你又做到一件你自己想做的事情，你又做好一件你想做好的事情！

但你的父母知道，你付出了多少！！

教学过程中，你发现许多学生盲目出国，有的花光了家庭的积蓄，却没有学到一技之长，国外留不下，回国又难以找到工作。

你又攻读心理学、职业规划……

你说你要让许许多多的人少走一些人生的弯路，你要尽力帮助所有需要帮助的人！

你又做到了！

你创办了职业生涯规划机构，和几位志同道合的朋友一起努力，让许多人真正受益。

去年你生日时，你的公司刚刚起步，你却作为一名志愿者三次奔赴灾区，及时给那里的学生们送去温暖，给他们做心理辅导。

当大家关注你飞得高不高时，父母真的心疼你飞得太累、太累！！

好希望你能有点时间休整自己、放松自己；好希望你有个自己的小家。

　　30 年的光阴飞逝，转眼间你已步入而立之年，往事难以忘怀。

　　今天，借助网络，送去所有亲人对你的祝愿：儿子，生日快乐！！

　　爸爸、妈妈永远爱你！！

　　　　　　　　　　　　　　　妈妈

第七章

来自典典的信

MOTHER

39 ♡ 给女儿弯弯的一封信

亲爱的弯弯：

在你出生的第 68 天，我亲爱的外婆、你的太姥姥去世。

我在上海临时取消回北京的机票，飞到深圳送我的外婆离开。看到在外婆身边哭得那么伤心的妈妈，我一次次告诉她："外婆并没有真的离开，她的样貌留在了你我身上；她给长工送糖的故事让我们善良；她的辛劳让家里兴旺；她的生命变成了我们的，我们的也会变成你的。她用完了自己的生命，就离开了。"

这才是生命的真相。生命是一场破坏性的创造。

我在产房看着你出生，你的出生伴随着妈妈身体上巨大的痛苦。你每天吃的奶水，是妈妈身体的消耗；当你慢慢长大，妈妈的身材、样貌也都逐渐改变，活力从她的身上转到你的身上；你六个月以后开始吃的米汤，广义地说，也需要毁掉一些植物生命；你日后喜欢吃的牛肉、香肠，也需要毁掉一些动物的生命，为了延续你的生命，你必须结束它们的生命，它们的生命变成了你的。虽然听起来残酷，但这是生命的常识。这常识在你进入社会之后会被很多东西掩饰过去，青菜、肉类都会被小心翼翼地包装在超市的食品袋里面，胜者和负者的故事被分开来讲，以至于你永远看不到——当你在创造的时候，你也一定在破坏。

所以，我要给你讲的第一件事是关于生命的。弯弯，重要的不是小心翼翼地活着，谁也不伤害、谁也不得罪、谁都喜欢你，这不可能；关键是创造你自己的生命——让自己活出意义来，活出特色来，活得让自己对得起因为你失去生命的牛牛羊羊猪猪们，对得起人们为你注入的生命。

好的生命不是完美，也不是安全，而是值得。

我要讲的第二件事是关于世界的。弯弯，这个世界并不公平。

不知道你长大以后，幼儿园的阿姨会怎么教你，但是在你出生的时候，有个月嫂阿姨在我们家工作，她每天只睡几小时，每天30多次被你的哭闹唤过去，却总是疼爱地呼应你、拍着你。她真心喜欢你，绝不是为了钱。相比她的辛苦，她的收入并不高，她做着一份在爸爸妈妈看起来不羡慕的工作，但是也有很多其他阿姨羡慕她。

你的阿姨并不比我们笨，也和你的爸爸妈妈一样努力，但是她的生活并没有我们好，这并不公平。

在你出生第一个月里，她比爸爸妈妈陪在你身边的时候还要多，但是等你长大，你会忘记她，而记得爸爸妈妈，这也不算公平。即使这样，还有很多其他的阿姨羡慕你的月嫂阿姨，因为她们也许更累，却没有她那样多的收获，这更算不公平。

亲爱的弯弯，这个世界并不公平。努力能在某种程度上改变命运，但是不一定能完全改变。

所以你要记得，与别人相比是没有意义的。那虽然是所有人的第一反应，但那是一种永无宁日、绝无胜算的自我折磨。如果你有能力，记得要和自己比，让自己过得好一些。

理解自己的心有多大。给人生做加法带来快乐，做减法带来安心，加加减减到让自己舒服。世界虽然没有给每个人提供完美生活，但给每个人的资源都可以让他过上足够好的日子。

如果你能活得再好一些，就去帮帮那些过得比你差的人——尤其是那些活得不够好但还很努力的人，比如带你成长的这些阿姨。你和她们，最有能力改变这个世界。你要对世界有信心，它正在变好。怎么找到这个机会？好好地观察你身边的人，包括你自己。你会遇到很多麻烦，珍惜它们——麻烦背后就是你的天命。

我要讲的第三件事是你与世界的关系。你要过得认真一些。从你出生到离开的这段时间，只有3万多天，而等到你能认得这封信上的字时，你已经花掉2000多天了，而生命最后的4000多天，你将老得精力所剩无几。所以记得要认真地生活。

你问我，认真和努力一定能成功吗？我要给你讲一个努力银行的童话。

有个叫"上帝"的人，他开了一间银行，货币就是每个人的努力。

每个人都有一个以自己名字命名的努力账户。每个人每天都在往里面存自己的努力。有的人存得多，有的人存得少。有的人存了第二天就取，有的人则很多年以后一次性取出来。

"上帝"在干什么呢？

"上帝"要保证每个人账目公平，不能有错账。"上帝"还要标注那些努力存得最多的金卡客户，给他们分配更多的回报。

但如果总是那么几个最努力的人有最多的回报，这工作也太不好玩啦！

所以每隔十年，"上帝"就调出所有的金卡客户，抽一次奖，随机把一个巨大的成功分给中奖的那个幸运的家伙。

所以，弯弯，只要努力，就会有合理的回报。而那些巨大的成功，往往来自幸运。所以，别想那么多，在自己喜欢的事情上足够努力，就够了。

亲爱的弯弯，欢迎来到这个世界。

记得要活得精彩，活得认真，跟自己比。
愿你过上我从未看见与理解的生活。

祝好！

爸爸

40. ♡ 给孩子很多很多爱

01　假装

我刚出生 10 个多月的时候，被疑诊患有地中海贫血。

这在当时是绝症。医生说，长沙得这个病的孩子，最大也就活到了 12 岁，还是一对医生的娃。

我到底是不是那种病呢？医院建议做进一步检查。

检查过程中，医生要拿一根 20 多厘米长的针筒，针头从我的脊椎尾部插进去，抽出脊液。因为我当时实在太小，所以前面还要加个小针管。被端上来的那套设备，几乎和当时的我一样长。

针管就要被插进去时，我还在乐呵呵地抓针头，妈妈的心抽了一下。

她问："医生，这个病如果确诊，能治吗？"

医生重复了那个数字："12 岁吧。"

妈妈想了几秒，突然坚定地说："那我们就不检查了，我就当我的孩子没得这个病。"

她抱着我离开病房。

从那一刻开始，她就真的相信了自己的孩子没得这个病。

她再也没有带我检查过，也没和任何人提起过，也不把我的各种症状和那种病联系在一起。

就像她抱着的这个孩子是全天下最健康的小孩。

现在我已经 42 岁了，那个地中海贫血，不知道是当年误诊，还是事后自愈。

反正我健健康康地活得挺好。

我们聊起这件事，妈妈说："有些事，就怕认真。你装得很认真，它就是真的。"

02　无常

有一次，妈妈也很接近死亡。

有一天下午打电话聊天时，她云淡风轻地告诉我："我前几天去医院打针，因为过敏，当场休克。医生吓坏了，一层楼的医生都跑了过来，都用大嘴巴子抽我的脸，怕我醒不过来。现在没事了。"

她说得嘻嘻哈哈，像在说别人的事。

"这么大的事，你怎么不告诉我？！"

"崽啊，这种事就是个意外，每天都会发生。就算当时你在深圳，难道就赶得及？现在告诉你，又能有什么用呢？所以你就不用管我，也不需要天天陪着我，你唯一要管的，是做点真正有价值的事。这样，如果有一天你突然发生这种意外，你不会后悔。最让人后悔的是把时间用在乱七八糟的事上。"

最后，妈妈说："你要做点有价值的事，典典，这样，我们两个就都心安了。"

03　冲动

我有一种很奇怪的冲动。

走在大街上，陌生人来来往往，对那些看门的大爷、扫地的大姐、赶着车来城里卖自家水果的农民、匆匆忙忙穿过街道的快递小哥，很多人捂上口鼻绕开走，我却很喜欢他们，总想拥抱他们。

我想，这或许和我小时候的经历有关。

爸爸是一名机械工程师，他的工作是在石头上钻孔取样，看看地下有没有矿产。因为这个缘故，他每年至少有 8 个月奔走于各个偏僻的矿区。妈妈要上学读书，没空管我。3~5 岁时，我常常跟着爸爸出差。

到了矿上，爸爸就把我丢到矿区招待所，他自己下矿，一去就是 10 多个小时。

爸爸说，他每次回到招待所，总是会看到一个景象：一个小孩，满脸都是黑手印，嘴边一圈油，抓着一支笔，躺在招待所的柜台里，身上盖着衣服，睡着了。

"你小时候特别好玩。"爸爸说，"只要你去，招待所那些阿姨就会打一些自己都舍不得吃的肉菜喂你。那些下班的矿工，澡都不洗，就跑到招待所看你，忍不住用手捏捏你的小脸蛋。你抓着笔一边画画一边唱歌，一边等爸爸，等着等着就睡着了。"

我就这样和爸爸住了很多个招待所，吃了好多
顿肉，积了很多黑手印。

听爸爸说，我在上学前，全国除了新疆和西藏，
其他省份都走遍了。

不过，不用羡慕我的教育好、旅游多、眼界很
开阔、生活很独立。

事实上，我什么都不记得了。

但似乎也记得些什么。

长大后，我总想拥抱路上的老百姓，我热爱助
人的职业。

我对未来不担忧也不害怕，我有一种莫名其妙
的信心，觉得自己不管在什么地方，不管怎样，都
会过得很好。

因为我记得我在很小很小的时候，就收到过很多很多陌生人给我的很多很多爱。

04 算账

2009 年的一天下午，我去看外公外婆。

那时他们已经从长沙搬到了深圳，爸妈给他们在附近小区买了套房子。外婆那时还没有中风，身体还灵便。外公喜欢骑车，每天总出去骑车两趟。

那天下午，外公有点神秘地把我叫进他的屋子，拿出一个黄色的小本子，上面用红字写着"工作手册"。他翻到折好的一页，上面用圆珠笔写着一个算式。

$$7-3-2=2$$

什么意思?

外公带着汉寿口音说:"典典,这个7,是我算了一下,我和你外婆两个人,还有7万元。"

他用3个手指比了一个7的手势,在空中顿了一顿,似乎对这个数字很满意。

"这个3,是留给旸旸(表弟)的。不是我们偏心,他比你小,家里比你困难。"

"这个2,"外公指着等号前面的那个"2","这个给你,是外公外婆留给你的钱。"

"最后这个2,"他指着等号后面那个"2",又指一指自己和外面的外婆,有点羞涩地说,"是我们自己留着备用的。我们走了,就给你们。"

我的眼泪一下子就冒出来了,喉咙被什么东西哽着,说不出话。我不停地摇头,觉得会有很不好的事发生。似乎我只要拒绝了他们的钱，就能拒绝他们的老去。

那时候我自己有不错的收入，我一边哭一边说："我不要，我不要。你们全部自己留着，我有钱，我要再给你们 10 万元。"

外公也哭，我出生以后，他退休在家，带我长大。他摸着我的头，像我小时候一样。

"典典是个好孩子，我们用不了什么钱，你妈妈都帮我们买东西。这些钱，就给你们。"

然后他收起了黄本子，这是我最后一次看这个等式。

7－3－2＝2

那天，我在黄昏离开，走出楼门一回头，外公外婆并排站在 5 楼阳台，正看着我。外婆似乎已经知道我们的对话。他们站在那里，表情有点骄傲，又很不舍，他们对自己的算式很满意。

我一回头，他们就对我招手，像在迎接我。我也招手，他们又挥手让我走。

"快回去，忙你的，我们都好。"

走出几步，回头，他们还在阳台上站着，又招手，又挥手。

我就这样走走停停，一直到再也看不见他们。

外公是在一个下午离开我们的。最后 7 年，他住进了老人院，退休工资每个月打到银行卡上，老人院没什么花销，他那些钱，不知道怎么样了。

但 "7-3-2=2" 我一直记得。

后来这 12 年，我作为老板、丈夫、父亲、朋友、伙伴，分过很多很多次钱，但从未见过有人这样不留余地。

这笔账算得清清楚楚，我却永远还不清了。

05　一条大河

外婆去世那天，我在上海出差。

等我赶到老人院，已经是 5 小时以后。大伙都在，妈妈抓着外婆的手，哭得手脚冰凉，不让人带她走。

想起，不知道谁告诉过我，人的命就是一个又一个故事。我让妈妈给我讲外婆生前的故事。

那天晚上，我们坐在房间，我右手抓着外婆的手，左手抓着妈妈的手，听她讲以前的事。

外婆出生于旧社会，是大户人家的长女。有一天出门，看到门丁绑着一个长工。那个长工平时做事手脚勤快，但那天出门鬼鬼祟祟，裤腿鼓鼓囊囊的，门丁把他拦下来，从他裤腿里搜出一斤小米、半斤红糖。正要被送官时，看到外婆，那长工扑通跪下，咚咚地磕头。

"大小姐，放我一马啊，我堂客（老婆）生孩子三天了，没有一滴奶，细伢子饿得啊啊叫。"

他说偷回去的红糖和小米，一半给孩子，一半给娘。

外婆解开绳子，放走了那个人。

第二天，外婆还叫人送去了一斗小米和一斤红糖。

还有外婆当厂长的故事；外婆和外公私奔的故事；外婆在军区门口卖鞋垫的故事；外婆和舅舅吵架的故事……

生命就是一个又一个的故事。妈妈讲着讲着，就这样讲到天亮。

讲着一个又一个故事，妈妈的哽咽慢慢停住，手开始暖了起来。

故事里有 20 岁的外婆，也有 30 岁、40 岁、50 岁、60 岁、80 岁的外婆。我慢慢懂得，妈妈的倔强、坚韧、泼辣、慈爱、爽朗大笑，源自哪一条河流，又流向哪里。外婆的脾性、她的善良、她的爱，从我的左手，流向我的右手，从外婆身上，经由妈妈，流向我，再流向很多很多人。

那个晚上，外婆也在以某种方式陪我们一起听这些故事，从左手到右手，从她的命，流过妈妈的命，流向我的未来。

我们在早上 6 点多，送走了外婆。

一条大河，波浪宽。

风吹稻花，香两岸。

生命是一条源源不绝的大河，我们只是其中一段河道，爱的波浪，从来没有断。

06 给孩子很多很多爱

非洲有句谚语：

养大一个孩子，要举全村之力。

It takes a village to raise a child.

在非洲村庄里，每一个新生婴儿的养育，都是一个村子共同的责任。

一个人在成长过程中真的会收到很多很多爱——父母的、长辈的、老师的、朋友的、陌生人的……

　　这也是这本书的副书名叫"重要的是给孩子很多很多爱"的原因。

　　而这句话，来自妈妈。

　　她在我的小家里和我们住了一个月，回深圳的时候告诉我：

　　小孩子不需要很多很多的玩具和课程，

　　小孩子需要的，就是很多很多爱。

亲爱的读者，请允许我对你道一声感谢！感谢你花时间看完这些故事。分享了我成为母亲再成为祖母的一生，我们也算是相交多年的挚友了。

2013 年 10 月，喜闻儿子即将成为父亲之时，太多太多的回忆涌进脑海……提笔一口气给儿子写了 38 封信，回忆了从儿子出生直到他初中毕业的点点滴滴，作为一份礼物送给他、他的妻子和他尚未谋面的孩子。

文章平铺直叙，没有太多的文采，但每一件小事都是真实发生过的。

育儿的过程中，哪些是对的，哪些是错的，真的不好下定论。

只希望他能看到、想到、体会到自己是在父母给予的满溢的爱中长大成人的。

只希望他能以更好的方式、方法去爱、去培养他的孩子。

2015年，儿子竟然私下将这38封信编辑成了一本书，书名就叫《典典》（其中还纳入了另外2封他大学毕业后我给他写的信），并在母亲节作为礼物送给了我。

在收到书的那一刻，我真的流泪了，我知道儿子认真地看过这些信。

我体会到儿子的用心良苦！他一直劝我动笔写点东西。但是真正要把这些登不得大雅之堂的东西呈献给读者、接受众人的过目，我还真没有勇气和能力。"书"又搁浅了数年。

如今跨七奔八的我，似乎更看重动机及结果，也克服了恐惧和羞涩感，况且儿子又要再使一把力将"书"推向市场，再加上他的一帮朋友对老人的啰唆不嫌弃，反而包容和爱护，这才让"书"得以与你见面。

　　对漂在京城、苦干加巧干、努力加拼搏的儿子的牵挂，只能通过写信的方式表达，这多少让人感到有点无奈，好在，这也算是为防老年痴呆做了一次作业。好希望能抛砖引玉，让年轻一代的你，成为一位好父亲、好母亲！能更好地陪伴自己的孩子，给他们尽可能多的关怀和爱。

　　今天趁儿子处女作《拆掉思维里的墙》再版之际，我将拙作捧出来，献给对儿子孩提时代点滴趣事感兴趣的小伙伴，盼望你能笑纳。

　　出"书"的最后一层意思是：妈妈认可了儿子对她写作兴趣的培养。

　　也许，我会再提笔写些东西，聊以慰藉奔八的岁月，让生命添些光彩，你会助她一臂之力吗？

　　谢谢你读完了她，感恩！